THIRD EDITION

Vocabulary for GCSE FRENCH

Revised for the New GCSE specifications

Philip Horsfall and David Crossland

Published in 2001 by:
Nelson Thornes Ltd
Delta Place
27 Bath Road
CHELTENHAM
GL53 7TH
United Kingdom

06 07 08 / 10 9 8 7 6

A catalogue record for this book is available from the British Library

ISBN 0 7487 6273 6

Page make-up by Tech Set Ltd

Printed in Croatia by Zrinski

Acknowledgements

The authors and publisher would like to acknowledge the following for the use of
copyright material:

La Nouvelle République du Centre-Ouest, Le Courrier de l'Ouest (p. 77).
Every effort has been made to trace copyright holders but the publisher will be
pleased to make the necessary arrangements at the first opportunity if there are any
omissions.

Contents

INTRODUCTION	5

YOURSELF AND OTHERS
Personal details	6
Family and friends	7
Appearance	8
Character and personal relationships	9
Pets and animals	12
How to learn	13

HOME LIFE
Where you live	14
Further details	15
Around the home	16
Furniture	17
Daily routine	19
Jobs around the home	20
How to learn	21

SCHOOL
Classroom objects	22
Working in the classroom	22
Places in school	24
Subjects	25
Exams and tests	27
Exam language	28
Out of lessons	29
Describing school and people	30
People in school	31
How to learn	32

THE WORLD OF WORK
Further education and training	33
Looking for a job	34
Careers and employment	35
Computers	37
Pocket money	37
How to learn	39

SERVICES AND THE MEDIA
Post	40
Telephone	40
Bank	42
Lost property office	43
Advertising	43
Media	45
Media opinions	46
How to learn	47

HEALTH AND WELFARE
Parts of the body	48
Common ailments	48
Accidents and emergency	50
Healthy lifestyle. Am I fit?	51
How to learn	53

FREE TIME
Hobbies and sport	54
Music and films	56
Trips and meetings	58
How to learn	59

SOCIAL ACTIVITIES
Socialising	60
Special events and festivals	61
Social activities	62
How to learn	63

TOURISM
Holidays	64
Hotels and youth hostels	66
Camping	69
How to learn	71

INTERNATIONAL WORLD
The wider world	72
Social issues	73
Environmental issues	74
The weather	75
The natural environment	78
How to learn	79

HOME AND LOCAL ENVIRONMENT

In the area	80
Finding the way	81
How to learn	83

SHOPPING AND EATING

Shopping	84
Food and drink	86
Restaurants and cafés	91
In a food shop	93
Clothes and souvenirs	93
How to learn	97

TRANSPORT AND TRAVEL

General	98
Trains and buses	99
Boats and planes	101
Private transport	101
How to learn	103

GENERAL

Question words	104
Days	104
Months	104
Seasons	104
Time	104
Colours	104
Numbers 1–19	104
Numbers 20–1,000	105
Prepositions	105
Adjectives	105
Verbs	105
Time expressions	106
Other useful words	106

ANSWERS 107

Introduction

You will need a wide vocabulary both to understand and to make yourself understood in a variety of situations in the GCSE French exam. You can use this book throughout Years 10 and 11, to help you find useful words and phrases for each French topic area, and to give you hints about how to learn them.

This book sets out topic by topic the main vocabulary for **Foundation Tier** and **Higher Tier**. It cannot include every word, as you may still meet some unknown words even at Foundation Tier, but you should be able to answer any question set without needing to know these unknown words. The words are grouped in short blocks of words that go together in some way, so that you will find them easier to learn.

Many of the words are presented in phrases which you could use in your speaking or writing exams, or when writing a letter. In the **School** section there is a list of the French instructions you may find at the start of each question in the exam. Word games and puzzles are provided to help you practise the words as well.

The Foundation words given in this book are based closely on the four exam boards' lists for England and Wales. To make learning easier for you, some words and phrases are printed in blue. These are important words and phrases that everybody should learn thoroughly because, in our opinion and experience, they are the most useful and the most likely to appear in your exam. However, these words and phrases form a minimum, so if you are aiming for a top grade, you will need to learn many of the other words as well.

The Higher words are also taken from the exam boards' lists. Some words are classified by one examination board as Foundation, but by another as Higher. This book classifies these words as either Foundation or Higher based on the authors' experience and judgement. Throughout the book you can customise our suggested phrases by writing in the boxes marked *Mes notes personnelles*.

At the end of each topic area you will find a section called **How to learn**. This has two parts: **Vocabulary** and **How to use a dictionary**, for you to use when preparing for your exam or for coursework.

The following websites, correct at time of printing, will also give you further help with learning vocabulary and other practice for your GCSE French examinations:

www.bbc.co.uk/education/gcsebitesize
http://atschool.eduweb.co.uk/stpmlang/languages.htm
www.learn.co.uk
www.btinternet.com/~s.glover/S.Glover/languages/Default.htm
www.vokabel.com
www.frenchrevision.co.uk
www.linguaweb.co.uk
www.bonjour.org.uk
www.reallyusefulfrench.co.uk
http://web.ukonline.co.uk/canonave

Yourself and Others

PERSONAL DETAILS

◆ Foundation words

aîné	elder	le nom	name
cadet	younger	le prénom	first name
le bébé	baby		
le gosse	kid	la Grande-Bretagne	Great Britain
un(e) adolescent(e)	teenager	britannique	British
		anglais	English
un an	year	écossais	Scottish
la naissance	birth	gallois	Welsh
naître	to be born	irlandais	Irish
né(e) le ...	born on the ...		
un anniversaire	birthday	toujours	always
la date	date	unique	only
		en général	in general
s'appeler	to be called		

◆ Higher words

le domicile	home address	mineur	under 18
majeur	of age (18+)	un(e) ado	teenager

◆ Higher phrases

J'ai beaucoup déménagé.	I've moved house a lot.
C'est mon nom de famille.	It's my surname.
Pouvez-vous me l'épeler?	Can you spell it for me?

Fill in your details on this form:

Prénom	Mimi
Nom de famille	Williams
Anniversaire	March 20th
Date de naissance	March 20th
Nationalité	Anglais

FAMILY AND FRIENDS

◆ **Foundation words**

(les membres de)	(members of)	le jumeau/la jumelle	twin
la famille	the family	le beau-père	step-father
les parents	parents, relations	la belle-mère	step-mother
un enfant	child	le beau-fils	step-son
maman	mum	la belle-fille	step-daughter
la mère	mother	le demi-frère	half-brother
papa	dad	la demi-sœur	half-sister
le père	father	le veuf	widower
la fille	daughter, girl	la veuve	widow
le fils	son		
le garçon	boy		
la femme	woman, wife	un(e) ami(e)	friend
la sœur	sister	le copain (la copine)	friend
le frère	brother	l'amitié (f)	friendship
le mari	husband	le (la) camarade	friend
un époux	husband	aimable	likeable
une épouse	wife	embrasser	to kiss
le (la) fiancé(e)	fiancé(e)	faire la bise	to kiss on the cheek
la grand-mère	grandmother	célibataire	single
les grands-parents	grandparents	épouser	to marry
le grand-père	grandfather	félicitations	congratulations
la nièce	niece	fêter	to celebrate
le neveu	nephew	les noces	wedding
le (la) cousin(e)	cousin	marié	married
la tante	aunt	divorcé	divorced
un oncle	uncle	séparé	separated

◆ **Foundation phrases**

J'habite avec mon père et ma belle-mère.   I live with my father and step-mother.
J'ai deux frères mais je n'ai pas de soeurs.   I've got two brothers but no sisters.
Je suis enfant unique.   I'm an only child.

MES NOTES PERSONNELLES

Ma Famille

J'habite avec *ma famille*

J'ai *deux soeurs*

◆ Higher words

les petits-enfants	grandchildren	les fiançailles	engagement
le (la) môme	kid	se marier	to get married
la retraite	retirement	mourir	to die
monoparental	single parent	le troisième âge	retirement age
familial	family		

◆ Higher phrases

Mes grands-parents sont retraités. My grandparents are retired.
Ils ont des problèmes familiaux. They've got family problems.

A P P E A R A N C E

◆ Foundation words

les cheveux	hair	les lunettes	spectacles
la couleur	colour	les boucles d'oreille	ear rings
roux	red (hair)	le piercing	body piercing
châtain	chestnut		
blond	blond	gros	fat
court	short	joli	pretty
long	long	laid	ugly
frisé	curly	maigre	slim
bouclé	curly	mince	thin
la barbe	beard		

◆ Foundation phrases

J'ai les yeux bleus. I've got blue eyes.
Ma sœur a les cheveux courts et noirs. My sister has short, black hair.
Mon copain est mince et blond. My friend is slim and blond.
Je porte des lunettes. I wear glasses.

MES NOTES PERSONNELLES

Mon Portrait

J'ai les yeux

J'ai

◆ Higher words

pareil	same	la queue de cheval	ponytail
ressembler à	to resemble	les lentilles de contact	contact lenses
de taille moyenne	of medium height	garder la ligne	to stay slim
le teint	complexion	chauve	bald
la frange	fringe	la moustache	moustache
la coiffure	hairstyle		

◆ Higher phrases

Je ressemble à ma mère.	I look like my mother.
Elle a les cheveux en queue de cheval.	She has her hair in a ponytail.

CHARACTER AND PERSONAL RELATIONSHIPS

◆ Foundation words

le caractère	character	intelligent	intelligent
fier	proud	maladroit	clumsy
bête	stupid		
charmant	charming	paresseux	lazy
aimable	kind, nice	poli	polite
content	happy	impoli	rude
dynamique	dynamic	sage	well-behaved
égoïste	selfish	sérieux	serious
fou (folle)	mad	sympa(thique)	nice
vilain	nasty	timide	shy
méchant	nasty, dangerous		
gai	happy	triste	sad

◆ Foundation phrases

Je suis normalement sympa mais un peu réservé.	I'm usually friendly but a little shy.
Mon frère a un bon sens de l'humour.	My brother's got a good sense of humour.
C'est une personne aimable.	He/She is a likeable person.

◆ Higher words

raisonnable	sensible	gêner	to disturb, bother
avare	mean	mentir	to lie
insupportable	unbearable	le mensonge	lie, fib
honnête	honest	avoir honte de	to be ashamed of
impatient	impatient	la confiance	confidence
modeste	modest	distrait	absent-minded
de bonne humeur	in a good mood	énergique	energetic
de mauvaise humeur	in a bad mood	enthousiaste	enthusiastic
en avoir marre	to be fed up	agité	restless
agacer	to annoy	mûr	mature
embêtant	annoying	têtu	obstinate
énervé	irritated		
fâché	angry	le courrier du cœur	agony column
se fâcher	to get angry	le souci	problem, concern
s'énerver	to get worked up	le bonheur	happiness
se disputer	to quarrel	romantique	romantic
bouleverser	to upset	sensible	sensitive
la colère	anger	jaloux	jealous
haïr	to hate	attirer	to attract
		conseiller	to advise
le comportement	behaviour	amoureux de	in love with
se comporter	to behave	faire la connaissance	to get to know
le défaut	fault, failing	le foyer	home

◆ Higher phrases

Je m'entends bien avec mes parents.	I get on well with my parents.
Il se met très vite en colère.	He gets angry very quickly.
Je ne peux pas la supporter.	I can't stand her.
Il est d'humeur changeante.	He's moody.
J'aime faire de nouvelles connaissances.	I like meeting new people.
J'en ai marre de mon frère.	I'm fed up with my brother.
Je me dispute souvent avec ma mère.	I often quarrel with my mother.
Cela m'est égal.	I don't mind/care.
Je donne souvent un coup de main à mes copains.	I often help my mates out.
Les joies du foyer.	The joys of family life.

Fill in this form from a dating agency.

--✂

Trouvez votre partenaire idéal!

Test-Partenaire ♥

1. Monsieur ☐   Madame ☐

Nom de famille: _____

Prénom: _____

L'adresse: _____

Le code postal: _____

2. Notes personnelles

célibataire ☐   divorcé ☐   séparé ☐

Nationalité: _____

Date de naissance: _____

Religion: _____

Lieu de naissance: _____

3. Vos caractéristiques

☐ amusant	☐ ambitieux	☐ vif
☐ gourmand	☐ ouvert	☐ intelligent
☐ romantique	☐ patient	☐ généreux
☐ gentil	☐ poli	☐ agréable
☐ timide	☐ sage	☐ paresseux

Autres choses: _____

4. Votre apparence

Votre taille (cm): _____

Les cheveux: _____

Apparence:

☐ solide	☐ négligé	☐ à la mode
☐ élégant	☐ ordinaire	☐ sportif

5. À quoi vous intéressez-vous?

Intellectuel	Pratique	Sportif
☐ La musique	☐ Bricoler	☐ Le ski
☐ Le théâtre	☐ Peindre	☐ Le tennis
☐ Le ballet	☐ Les photos	☐ La natation
☐ L'opéra	☐ Collectionner	☐ La voile
☐ La comédie	☐ Tricoter	☐ La pêche
☐ Le cinéma	☐ La cuisine	☐ L'équitation
☐ La télévision	☐ La musique	☐ Le football
☐ La lecture	☐ Danser	☐ Le patinage
☐ Autres:	☐ Autres:	☐ Autres:

Signature: _____

--✂

Homme, 23 ans, libre, ouvert, sympa, aimant la vie et les voyages, désire rencontrer jeune femme 18–25 ans pour découverte intérêts communs.

Femme, 19 ans, mignonne, cultivée et sportive, cherche homme 20–25 ans généreux, non fumeur pour une relation sérieuse et durable.

PETS AND ANIMALS

◆ Foundation words

un animal	animal	le cheval	horse
le chat	cat	la vache	cow
le chien	dog	le taureau	bull
le cochon d'Inde	guinea pig	le cochon	pig
le lapin	rabbit	le mouton	sheep
le poisson (rouge)	(gold)fish	le coq	cockerel
le perroquet	parrot	le poulet	chicken
un oiseau	bird		
la perruche	budgie	un insecte	insect
la tortue	tortoise	la guêpe	wasp
la souris	mouse	la mouche	fly
le hamster	hamster	le moustique	mosquito

◆ Foundation phrases

J'ai un chien qui a neuf ans.	I've got a dog that's nine years old.
Je n'ai pas d'animaux.	I don't have any pets.
Ma copine a deux chats et des poissons rouges.	My friend's got two cats and some goldfish.
Je n'aime pas les chevaux.	I don't like horses.
Autrefois, j'avais une souris blanche.	I used to have a white mouse.
Elle est morte l'année dernière.	It died last year.

◆ Higher words

aboyer	to bark	la poule	hen
la cage	cage	une oie	goose
une écurie	stable, barn	le renard	fox
une abeille	bee	mignon	cute
le chameau	camel	la patte	foot
le serpent	snake	mordre	to bite
le cobaye	guinea-pig	la piqûre	sting
le singe	monkey	sauvage	wild
la chèvre	goat	le jardin zoologique	zoo

What do these signs mean?

Souris à donner
Contactez le:
04-78-09-54-32

H O W   T O   L E A R N

V O C A B U L A R Y

Write down the names of a friend, neighbour, some relatives, your pet, etc.
Then write the correct word after them without looking them up. For example:

Simon Fenton est mon voisin.

Mon oncle s'appelle Gary.

Winifred est ma grand-mère.

H O W   T O   U S E   A   D I C T I O N A R Y

The plural of most French nouns is formed as in English by adding "s". However
there are some exceptions. For example, nouns which end in –al have a plural ending
of –aux: *un animal – des animaux*. Many nouns ending with –u have a plural –ux: *un
neveu – des neveux*.

Practise with your dictionary so that you get the following plurals correct:

1 un cheval   ....

2 un jumeau   ....

3 un journal   ....

4 un chou   ....

(Answer on page 107)

Which sign of the zodiac are you?

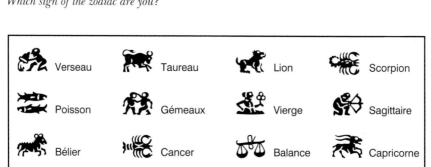

Home Life

WHERE YOU LIVE

◆ **Foundation words**

habiter	to live	le quartier	part of town
une adresse	address	la rue	road, street
un appartement	flat	la route	road
une avenue	avenue	une H.L.M.	council flat
le centre (centre-ville)	centre	le studio	small flat, bedsit
le code postal	postcode	la banlieue	suburb
un endroit	place	le garage	garage
un étage	floor	un immeuble	block of flats
la maison	house	le bâtiment	building
le pays	country		

◆ **Foundation phrases**

J'habite un petit appartement.	I live in a small flat.
Nous habitons dans le centre.	We live in the centre.
Mes grands-parents habitent un appartement, au quatrième étage.	My grandparents live in a flat, on the fourth floor.

◆ **Higher words**

louer	to rent	appartenir à	to belong to
construire	to build	le logement	housing, accommodation
demeurer	to stay	privé	private
aménager	to fit out, equip	de luxe	luxury
le loyer	rent	déménager	to move house
le locataire	tenant	le pavillon	detached house
le propriétaire	owner	la maison jumelle	semi-detached house

◆ **Higher phrases**

La maison est en mauvais état.	The house is in poor condition.
Nous avons aménagé la cuisine.	We've fitted out the kitchen.
C'est un pavillon de luxe.	It's an executive home.
La maison ne nous appartient pas.	The house does not belong to us.
Nous avons fait agrandir la maison.	We've had the house extended.

What is being offered in these adverts?

A VENDRE
Pavillon jumelé
St-Benoît Chantejean

140 m², 5 ch. 2 s. de b., séjour, cheminée, terrasse, terrain boisé, proximité lycée, bus

Tél. 02.87.09.45.32.

Sud Parthenay
maison, 5–6 pièces, entièrement rénovée, jardin et dépendances, loyer € 700/mois.
☎ 05.49.43.77.82.

7 km environ de Parthenay
maison gatinaise 3 pièces avec poutres et cheminée, salle d'eau, grenier aménageable au-dessus, garage, terrain de 500m² environ

FURTHER DETAILS

◆ **Foundation words**

calme	quiet	l'ouest	the west
agréable	pleasant	le sud	the south
ancien	**old**	le village	village
vieux (vieille)	old	la ville	town
neuf (neuve)	brand new	la campagne	countryside
nouveau (nouvelle)	new	**le bois**	**wood**
typique	**typical**	la place	square
beau (belle)	good looking	le centre-ville	town centre
cher	expensive		
joli	pretty	**la vue**	**view**
moderne	modern	**électrique**	**electric**
confortable	comfortable	**dehors**	**outside**
entouré de	**surrounded by**	un escalier	stairs
pratique	**convenient**	**en haut**	**upstairs**
étroit	**narrow**	**en bas**	**downstairs**
loin de	far from		
près de	near to	la fleur	flower
en face de	opposite	un arbre	tree
à côté de	next to	l'herbe (f)	grass
		la pelouse	**lawn**
le nord	the north	le jardin (potager)	(vegetable) garden
l'est	the east		

◆ **Foundation phrases**

J'habite à …	I live in …
C'est dans le nord de l'Angleterre.	It's in the north of England.
Ma maison est assez grande.	My house is quite big.
Elle a trois chambres.	It's got three bedrooms.
Chez moi, nous avons un garage et un jardin.	We have a garage and a garden at home.
On est près du centre-ville.	We're near the town centre.
C'est un quartier agréable et calme.	It's a pleasant and quiet part of town.
Notre maison a deux étages.	Our house has got two floors.
C'est en brique rouge.	It's made of red brick.
Il y a des arbres derrière la maison.	There are some trees at the back of the house.

MES NOTES
PERSONNELLES

Ma Maison

J'habite à _____

C'est situé _____

_____

Chez moi, nous avons _____

_____

_____

◆ Higher words

le bassin	pond	le buisson	bush, shrub
tondre	to mow	la haie	hedge
un arbre fruitier	fruit tree	le verger	orchard
le pommier	apple tree	pittoresque	picturesque
une allée	drive(way)		

A R O U N D T H E H O M E

◆ Foundation words

la pièce	room	le plancher	floor
la cuisine	kitchen	le mur	wall
la cave	cellar		
la chambre	bedroom	en bois	made of wood
		en métal	made of metal
une entrée	entrance	en plastique	made of plastic
la porte d'entrée	front door		
le vestibule	hall	la moquette	fitted carpet
la salle à manger	dining room	un oreiller	pillow
la salle de bains	bathroom	partager	to share
la salle de séjour	living room	la photo	photo
le salon	lounge	le poster	poster
les toilettes	toilet	le rez-de-chaussée	ground floor
les WC	toilet	le rideau	curtain
le balcon	balcony	le tapis	carpet
le toit	roof	le chauffage central	central heating
le plafond	ceiling		

◆ **Foundation phrases**

Chez moi, au rez-de-chaussée, il y a la salle à manger, la cuisine et le salon.	In my home, on the ground floor, there's the dining room, the kitchen and the lounge.
Dans ma chambre, on trouve mon lit, une armoire et un placard.	In my bedroom, there is my bed, a wardrobe and a cupboard.
Les murs sont blancs et rouges.	The walls are white and red.
Les rideaux sont bleus.	The curtains are blue.
J'ai ma propre chambre au premier étage.	I've got my own room on the first floor.

MES NOTES PERSONNELLES

Chez Moi

Chez moi, il y a _____

_____

Dans ma chambre, on trouve _____

Les murs sont _____

Les rideaux sont _____

◆ **Higher words**

le jardin d'hiver	conservatory	la serrure	lock
le grenier	attic	une étagère	shelf
le palier	landing	une ampoule	light bulb
le débarras	junk room	la prise de courant	plug
la cheminée	chimney, fire-place	un outil	tool
le sous-sol	basement	le papier peint	wallpaper
une échelle	ladder	le cendrier	ash tray
le volet	shutter	la couette	duvet

FURNITURE

◆ **Foundation words**

les meubles	furniture	le miroir	mirror
une armoire	wardrobe	la glace	mirror
		le bidet	bidet
la lampe	lamp	la baignoire	bath tub
le lit	bed	le robinet	tap
le réveil	alarm clock	la douche	shower

le lavabo	washbasin	le canapé	settee
		la chaîne-stéréo (chaîne hi-fi)	stereo system
le lave-vaisselle	dishwasher	la chaise	chair
le congélateur	freezer	le fauteuil	armchair
la cuisinière (à gaz)	(gas) cooker	le magnétophone	tape recorder
un évier	sink	le piano	piano
le four (à micro-ondes)	(microwave) oven	la radio	radio
le frigo	fridge	le téléphone	telephone
la machine à laver	washing machine	le répondeur (téléphonique)	answer-phone
le placard	cupboard	la table	table
		la télévision	television
le buffet	sideboard		

◆ **Foundation phrases**

Dans le salon, il y a deux fauteuils.   There are two armchairs in the lounge.

Nous n'avons pas de douche.   We don't have a shower.

◆ **Higher words**

un appareil	appliance	le téléviseur	TV set
la table de chevet	bedside table	le bac à vaisselle	sink
meublé	furnished	le bac à linge	sink for doing the washing
le magnétoscope	video recorder		

◆ **Missing letters**

Fill in the missing letters, then rearrange the seven missing letters to make a piece of furniture.

ROBIN ___ T

LA ___ PE

PL ___ FOND

TAP ___ S

PO ___ TE

F ___ UR

MU ___

[___ ___ ___ ___ ___ ___ ___]

(Answer on page 107)

18

DAILY ROUTINE

◆ Foundation words

prendre	to take	le bain	bath
s'habiller	to get dressed	l'eau (f)	water
se déshabiller	to get undressed	la serviette	towel
se réveiller	to wake up	du shampooing	shampoo
s'endormir	to go to sleep	du maquillage	make-up
se raser	to shave	la brosse à dents	toothbrush
se laver	to have a wash	le dentifrice	toothpaste
se brosser les dents	to clean your teeth	le savon	soap
se maquiller	to put on make-up	le rasoir	razor
froid	cold	le peigne	comb
chaud	hot		

◆ Foundation phrases

Je peux prendre un bain, s'il vous plaît?	Please may I have a bath?
J'ai pris une douche ce matin.	I had a shower this morning.
Il y a du shampooing dans le placard.	There's shampoo in the cupboard.
Votre serviette est dans la salle de bains.	Your towel is in the bathroom.
Tu as besoin de quelque chose?	Do you need anything?
J'ai oublié ma serviette.	I've forgotten my towel.
Je n'ai plus de dentifrice.	I've got no toothpaste left.

◆ Higher words

s'occuper de	to be busy with	une éponge	sponge
faire la sieste	to have a nap	le vernis à ongles	nail varnish
faire la toilette	to get washed	l'après-rasage	after shave
avoir l'occasion de	to have a chance to	le sommeil	sleep
ôter	to take off	se peigner	to comb one's hair

◆ Higher phrases

Quand je rentre, j'ôte mon uniforme.	When I get home, I take off my uniform.
Après m'être changé(e), je promène mon chien.	After getting changed, I walk the dog.
Mon grand-père faisait la sieste tous les jours.	My grandad used to have a nap every afternoon.
J'aime faire la grasse matinée.	I like a lie-in.

JOBS AROUND THE HOME

◆ **Foundation words**

acheter	to buy	faire le repassage	to do the ironing
aider	to help	repasser	to iron
passer l'aspirateur	to vacuum	faire le lit	to make the bed
faire les courses	to do the shopping		
faire le ménage	to do the housework	les affaires	things
faire la vaisselle	to do the washing up	un aspirateur	vacuum cleaner
laver	to wash	la cuisine	cooking
mettre la table	to set the table	le jardinage	gardening
débarrasser	to clear	la poubelle	dustbin
nettoyer	to clean	le linge	linen, washing
ranger	to tidy	la nappe	tablecloth
travailler	to work		

◆ **Foundation phrases**

Je fais les courses.	I do the shopping.
Généralement, ma mère fait la cuisine.	Generally, my mother does the cooking.
Mon père fait la vaisselle.	My dad washes up.
Je sors la poubelle.	I put the dustbin out.
Mon père cultive des légumes.	My dad grows vegetables.

MES NOTES PERSONNELLES

J'aide à la Maison

Pour aider à la maison, je _____

_____

Généralement, mon père/ma mère _____

_____

◆ **Higher words**

éplucher	to peel	tondre le gazon	to mow the lawn
essuyer	to wipe	faire la lessive	to do the washing
rénover	to renovate	la tondeuse	lawn-mower
enlever la poussière	to dust	arroser	to water
promener le chien	to walk the dog	la poussière	dust
faire du bricolage	to do odd jobs	ramasser	to pick up
le nettoyage	cleaning	encombré	cluttered
le fer à repasser	iron		

◆ **Higher phrases**

Je mets le couvert.	I set the table.

HOW TO LEARN

VOCABULARY

The accent is part of the spelling of some French words as it often changes the pronunciation just as much as any letter. As you learn key phrases from each section, write them out without the accents, then see if you can fill them in correctly a day or so later. Put the missing accents on these three sentences.

1 Generalement mon pere fait le menage apres le diner.

2 La chaine-stereo est a cote de la television.

3 Nous avons demenage l'annee derniere.

(Answer on page 107)

HOW TO USE A DICTIONARY

One way of improving your dictionary use is to speed up your mastery of alphabetical order.

Write the words from this box in the correct alphabetical order as quickly as possible (if you can work with a partner, try this as a race). Remember that accents on letters do not affect the alphabetical order.

campagne, chaise, calme, cheminée,

chaîne-stéréo, cher, cave, chauffage,

canapé, cuisine, congélateur,

chambre

(Answer on page 107)

21

School

CLASSROOM OBJECTS

◆ **Foundation words**

le cahier	exercise book	la gomme	rubber
le livre	book	la règle	ruler
la page	page	la calculatrice	calculator
le bic	ballpoint pen	le classeur	file
le stylo	pen	le cartable	school bag
le crayon	pencil	le tableau	board
la trousse	pencil case	la fenêtre	window

◆ **Higher words**

la colle	glue	le trombone	paper clip
le bâton de colle	glue stick	la perforeuse	hole punch
la cartouche	ink cartridge	l'encre (m)	ink
un effaceur	(ink) eraser pen	les ciseaux	scissors
le blanco	tippex pen	le micro	microphone
le scotch	sellotape	le casque	headphones
le feutre	felt-tip pen	le pupitre	school desk
la feuille de papier	sheet of paper		

WORKING IN THE CLASSROOM

◆ **Foundation words**

comprendre	to understand	le travail	work
arrêter	to stop	essayer	to try
entrer	to go in	entendre	to hear
sortir	to go out, take out	répéter	to repeat
demander	to ask	expliquer	to explain
corriger	to correct	aider	to help
avoir tort	to be wrong	s'excuser	to apologise
avoir raison	to be right	fermer	to close
oublier	to forget	ouvrir	to open
se souvenir (de)	to remember	montrer	to show
se dépêcher	to hurry up	trouver	to find
écrire	to write	perdre	to lose
parler	to speak	prêter	to lend
écouter	to listen		
		la chose	thing
dire	to say	un exemple	example
dessiner	to draw	le mot	word
lire	to read	la phrase	sentence
travailler	to work	la question	question

une épreuve	test	compliqué	complicated
une erreur	mistake	encore une fois	once more
la faute	error	fort	loud(ly)
le titre	title	lentement	slowly
le silence	silence	correct	correct
		exact	correct
un uniforme	uniform	juste	correct
absent	absent	vrai	true
bravo	great, well done	faux	false
excellent	excellent		

What are these signs telling you to do?

Ouvrez la fenêtre.

Prenez vos cahiers.

Répétez!

Vous pouvez parler plus fort?

Regardez le tableau!

Asseyez-vous!

◆ **Foundation phrases**

Ne parlez pas anglais.	Don't speak English.
Ouvrez vos cahiers.	Open your exercise books.
Tu as oublié ton livre?	Have you forgotten your book?
Répétez en français.	Repeat in French.
Tu peux essuyer le tableau?	Can you wipe the board?
Ouvrez votre livre à la page vingt-trois.	Open your book at page 23.
Je ne comprends pas.	I don't understand.
Je ne sais pas.	I don't know.
Qu'est-ce que c'est en français/anglais?	What is it in French/English?
Que veut dire ce mot?	What does this word mean?
Tu peux me prêter ta règle?	Can you lend me your ruler?
Je ne trouve pas mon crayon.	I can't find my pencil.
J'ai perdu ma gomme.	I've lost my rubber.
Vous pouvez m'aider?	Can you help me?
Je peux aller aux toilettes?	Can I go to the toilet?
Voulez-vous répéter la question?	Will you repeat the question?
Pardon, pouvez-vous parler plus fort?	Sorry, could you speak louder?
Tu as raison.	You're right.

◆ Higher words

prononcer	to pronounce	se taire	to be quiet
un accent aigu	an acute accent	deviner	to guess
épeler	to spell	une explication	explanation
une expression	expression	plier	to fold
emprunter	to borrow	le torchon	board wiper
faire l'appel	to take the register	la cloche	the bell
se tromper	to make a mistake		

◆ Higher phrases

Je me suis trompé.	I've made a mistake.
Je m'entends bien avec mes profs.	I get on well with my teachers.
Comment est-ce que cela se prononce?	How do you pronounce that?
Il est interdit de fumer au collège.	You aren't allowed to smoke at school.
Tu peux éteindre la lumière?	Can you switch off the light?
Baissez les mains.	Put your hands down.
Ça suffit!	That'll do now!

PLACES IN SCHOOL

◆ Foundation words

rentrer	to return	une école maternelle	nursery school
venir	to come	une école primaire	primary school
commencer	to begin	la cantine	canteen
finir	to finish	la cour	playground
terminer	to end	le laboratoire	laboratory
durer	to last	la salle (de classe)	classroom
		la salle des professeurs	staffroom
un CES	comprehensive school	le gymnase	gym
une école	school	la bibliothèque	library
le collège	secondary school		
le lycée	6th form college	premier	first
		dernier	last

◆ Higher words

le vestiaire	changing room	la scène	stage
le laboratoire de langues	language lab	un internat	boarding school
un atelier	workshop	le dortoir	dormitory
le casier	pigeon hole, locker	le CDI	resources centre
le couloir	corridor	le secrétariat	secretary's office

◆ Higher phrases

Je n'aime pas travailler dans le laboratoire de langues.	I don't like working in the language lab.
C'est une école mixte.	It's a mixed school.

SUBJECTS

◆ Foundation words

la matière	subject	la musique	music
l'emploi du temps	timetable	la langue	language
le cours	lesson	le français	French
la leçon	lesson	l'espagnol (m)	Spanish
l'enseignement (m)	teaching, education	l'allemand (m)	German
		l'anglais (m)	English
les sciences (sciences naturelles)	science	l'éducation physique (EPS)	PE
		l'EMT	technology
la chimie	chemistry	la technologie	technology
la biologie	biology	la géographie	geography
la physique	physics	l'histoire (f)	history
les maths	maths	la religion	RE
l'informatique (f)	information technology	le sport	sport
		la gymnastique	gymnastics
le dessin	art	obligatoire	compulsory

◆ Foundation phrases

L'école commence à quelle heure?	When does school begin?
Le premier cours commence à neuf heures cinq.	The first lesson starts at five past nine.
L'après-midi, les cours finissent à quatre heures moins vingt.	In the afternoon, lessons end at three forty.
On a cinq cours par jour.	We have five lessons per day.
Les cours durent cinquante minutes.	Lessons last fifty minutes.
Le français est obligatoire.	French is compulsory.
J'apprends le français depuis cinq ans.	I've been learning French for five years.
Ma matière préférée, c'est l'espagnol.	My favourite subject is Spanish.

◆ Higher words

arrêter	to drop	la traduction	translation
inutile	useless	la littérature	literature
barbant	very boring	perfectionner	to improve
les chiffres	figures	couramment	fluently
le calcul	sum	les sciences économiques	economics
calculer	to work out	l'instruction civique	PSE
le débat	discussion	assister à	to attend
la tâche	assignment	facultatif	optional

◆ Higher phrases

Je vais arrêter l'histoire.	I'll give up history.
J'étudie huit matières en tout.	I'm studying eight subjects altogether.
Je ne comprends pas les formules chimiques.	I don't understand chemical formulas.
J'aime faire des expériences.	I like doing experiments.
Je voudrais perfectionner mon français.	I'd like to improve my French.

What subjects are on these stickers?

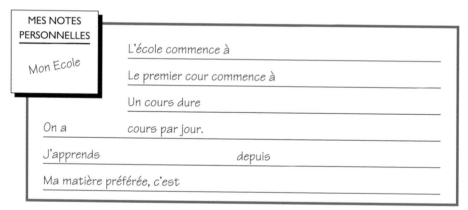

◆ School crossword

a) Unscramble each school word below.

SURCO	cours	UNGEAL	....
RIOTISHE	....	CEELY	....
IMICHE	....	LONGPEAS	....
RUDER	....	ONCLE	....
LAVATRI	....	ECCINESS	....

b) Now fit the words into this grid.

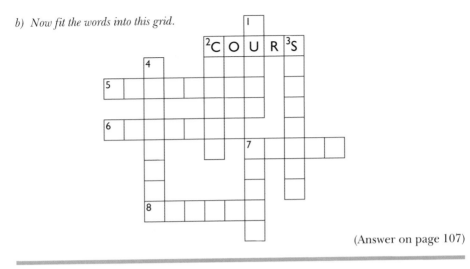

(Answer on page 107)

EXAMS AND TESTS

◆ Foundation words

examiner	to test, examine	réussir	to succeed
un examen	exam	la note	mark
une épreuve	test	le bulletin	report
le Bac(calauréat)	A-levels	le résultat	result
étudier	to study	le progrès	progress
apprendre	to learn	le certificat	certificate
traduire	to translate	félicitations!	congratulations!
un exercice	activity, exercise	féliciter	to congratulate

◆ Foundation phrases

Je n'aime pas les épreuves. I don't like tests.
J'ai besoin d'une bonne note en maths. I need a good grade in maths.
Je vais entrer en seconde. I'm going into year 12.

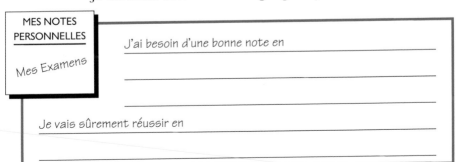

MES NOTES PERSONNELLES

Mes Examens

J'ai besoin d'une bonne note en _____

_____

_____

Je vais sûrement réussir en _____

_____

◆ Higher words

la terminale	year 13	un examen blanc	mock examination
écrit	written	le contrôle	test
oral	oral	le niveau	level, stage
la moyenne	average mark	la moyenne	average
à refaire	to be done again	le brevet	GCSE equivalent
passer un examen	to take an exam	classer	to grade
réussir à un examen	to pass an exam	réviser	to revise
le succès	success	stressé	stressed
être reçu	to pass	copier	to copy
échouer	to fail	tricher	to cheat
déçu	disappointed		
redoubler	to repeat the year		

◆ Higher phrases

Je vais sûrement échouer en chimie.	I'll certainly fail in chemistry.
Je pense que je vais échouer en maths.	I think I'll fail maths.
Je prépare un bac professionnel.	I'm doing a GNVQ course.
Je suis en terminale.	I'm in year 13.
J'ai remporté un prix.	I won a prize.
Quelle est ta note sur vingt?	What's your mark out of twenty?

EXAM LANGUAGE

Change/Changez ... la carte postale	**Change** ... the postcard
Réponds/Répondez ... aux questions	**Answer** ... the questions
Décris/Décrivez ... les images	**Describe** ... the pictures
... ce que tu as/vous avez fait	... what you did
Complète/Complétez ... le tableau	**Complete** ... the table
... le plan	... the timetable
Explique/Expliquez ... ce qui s'est passé	**Explain** ... what has happened
Remplace/Remplacez ... les images avec des mots	**Replace** ... the pictures with words
Raconte/Racontez ... ce qui s'est passé	**Say** ... what happened
Remplis/Remplissez ... le tableau	**Fill in** ... the table
... les blancs	... the gaps
... les bulles	... the speech bubbles
Donne/Donnez ... des renseignements sur	**Give** ... information about
Coche/Cochez ... la bonne réponse	**Tick** ... the correct answer
Ecoute/Ecoutez ... la conversation	**Listen to** ... the conversation
Encercle/Encerclez ... la bonne réponse	**Circle** ... the right answer

Indique/Indiquez … la bonne réponse	**Tick** … the right answer
… A, B, C ou D	… A, B, C or D
… la bonne lettre	… the correct letter
Corrige/Corrigez … les phrases suivantes	**Correct** … the following sentences
Lis/Lisez … l'article	**Read** … the article
Dessine/Dessinez … une flèche	**Draw** … an arrow
Fais/Faites … une liste	**Make** … a list
Mets/Mettez … dans le bon ordre	**Put** … in the correct order
Ecris/Ecrivez … une réponse à la lettre	**Write** … an answer to the letter
… un rapport	… a report
… le bon numéro	… the right number
Regarde/Regardez … les images	**Look at** … the pictures
Pose/Posez … des questions sur …	**Ask** questions about …
Imagine/Imaginez que …	**Imagine** that …
Cherche/Cherchez … les bons numéros	**Look for** … the right numbers
Souligne/Soulignez …	**Underline** …
Fais/Faites correspondre … les phrases	**Join up** … the parts of the sentence
Fais/Faites la comparaison …	**Compare** …
Compare/Comparez … ces phrases avec le texte	**Compare** … these sentences with the text
Choisis/Choisissez … la bonne phrase	**Choose** … the correct sentence
… la bonne image	… the correct picture
Utilise/Utilisez … ces symboles pour …	**Use** … these symbols to …
Demande/Demandez … les informations suivantes	**Ask for** … the following information
Quel mot manque?	**Which** word is missing?

OUT OF LESSONS

◆ Foundation words

discuter	to discuss	la pause (du midi)	midday break
rencontrer	to meet	la récréation	play time, break
bavarder	to chat	un échange	exchange
		le trimestre	term
le déjeuner	lunch		

◆ Foundation phrases

Le déjeuner est à midi.	Lunch is at midday.
Normalement, je mange à la cantine.	I normally eat in the canteen.
Je rencontre mes copains.	I meet my friends.
Nous jouons au ballon dans la cour.	We play ball in the playground.
On va en ville.	We go into town.

MES NOTES
PERSONNELLES

Ma Pause
du Midi

Le déjeuner est à _____

Pendant la pause du midi, je _____

avec _____

Quelquefois _____

_____

◆ Higher words

une excursion scolaire	school trip	la retenue	detention
le car de ramassage	school bus	sécher les cours	to skive off
un échange scolaire	school		school
	exchange	l'autorisation (f)	permission
la réunion parents-	parents evening	la bêtise	nonsense
professeurs			

◆ Higher phrases

Demain, on fera une excursion scolaire. Tomorrow we'll go on a school trip.
Nous avons un jour de congé. We've got a day off.
Je suis en retenue assez souvent en géo. I often get detentions for geography.
Quelquefois, je fais des bêtises. Sometimes I do some silly things.

DESCRIBING SCHOOL AND PEOPLE

◆ Foundation words

aimer	to like	faible	weak, not good
détester	to hate		at a subject
les devoirs	homework	fort	strong, good at
affreux	awful		a subject
difficile	difficult	génial	great
dur	hard	intéressant	interesting
ennuyeux	boring	longtemps	long time
facile	easy	punir	to punish
		sympa	nice

◆ Foundation phrases

Je fais une ou deux heures de devoirs I do one or two hours of homework
par soir. every evening.
Je fais mes devoirs dans ma chambre. I do my homework in my bedroom.

Mon père m'aide parfois.	My dad sometimes helps me.
Je suis fort(e) en anglais.	I'm good at English.
A mon avis, la musique est difficile.	In my opinion, music is hard.

MES NOTES PERSONNELLES

Mon Travail Scolaire

Je fais _____ de devoirs.

Je fais mes devoirs dans _____

Je suis fort(e) en _____

mais faible en _____

A mon avis, _____ est _____

◆ Higher words

fatigant	tiring	bavard	chatty
strict	strict	sévère	strict
supplémentaire	extra	compliqué	complicated
consciencieux	conscientious	doué	gifted
travailleur	hardworking	la scolarisation	schooling
paresseux	lazy		

◆ Higher phrases

Notre prof de maths est gentil(le).	Our maths teacher is very nice.
Je ne suis pas doué en maths.	I'm not very good at maths.

PEOPLE IN SCHOOL

◆ Foundation words

le directeur	headmaster	un instituteur	primary school teacher (m)
la directrice	headmistress		
le professeur	teacher	une institutrice	primary school teacher (f)
un(e) élève	pupil		
un(e) étudiant(e)	student	le (la) camarade de classe	classmate
le (la) surveillant(e)	supervisor		

◆ Foundation phrases

Mon professeur de français s'appelle Mme. Smith.	My French teacher is called Mrs Smith.
Il y a mille élèves dans mon collège.	There are a thousand pupils in my school.

◆ Higher words

la femme de ménage	cleaning lady	le proviseur	head teacher
le remplaçant	supply teacher		(sixth-form college)
le concierge	caretaker	le principal	head teacher
un(e) assistant(e)	foreign language		(secondary school)
	assistant	le (la) pensionnaire	boarder
enseigner	to teach	un (une) interne	boarder
un enseignant	teacher		

◆ Higher phrases

On a un remplaçant pour les maths depuis longtemps. — We've had a supply teacher for maths for a long time.

H O W   T O   L E A R N

VOCABULARY

When you learn new words, set yourself some small tests to see how well you have learned them. One way is to make up anagrams by jumbling up the letters in a word or phrase. You then try to solve your own anagrams the next day.
To start you off, have a go at these anagrams:

teacher = FREEPORSUS (*professeur* in the wrong order)

1 *canteen* = LA NTIANEC ....

2 *lessons* = LES CORUS ....

3 *English is my favourite subject.* = L'LSGAAIN TES AM ÈIEMRTA ÉÉRÉEFRP

....

4 *Look at the board.* = GRDEAZRE EL EAULATB

....

(Answer on page 107)

HOW TO USE A DICTIONARY

At the end of any written work, your dictionary could help you to check the spelling of words.

Look at this short section of a letter, and use a dictionary to find and correct the three words spelled wrongly.

Ma matier préférée, c'est la geographe, mais je trouve le dessin très ennyeux.

(Answer on page 107)

TIPS TIPS TIPS TIPS TIPS

The World of Work

◆ **Foundation words**

travailler	to work	pauvre	poor
rester	to stay	peut-être	perhaps
taper	to type	plus tard	later
penser	to think		
		continuer	to continue
la carrière	career	décider	to decide
le boulot	work	espérer	to hope
le travail	work	passer	to spend
le métier	job		(time)
la profession	profession	quitter	to leave
le salaire	salary	une université	university
l'avenir (m)	future	la fac	university
les vacances	holidays	le stage en entreprise	work experience
bonne chance	good luck		
riche	rich	le stagiaire	trainee

◆ **Foundation phrases**

Qu'est-ce que tu fais après les examens?	What are you doing after the exams?
Qu'est-ce que tu veux faire plus tard?	What do you want to do later?
Je voudrais aller à l'université.	I'd like to go to university.
Je vais quitter l'école.	I'm going to leave school.
Je voudrais bien commencer à travailler.	I'd quite like to start to work.
Après les examens, j'espère rester à l'école.	After the exams, I hope to stay at school.
L'année prochaine, j'espère préparer mon bac.	Next year, I hope to start my A-levels.
J'espère continuer mes études.	I hope to continue my studies.
Je vais faire anglais et français.	I'm going to do English and French.
Si j'ai de bons résultats, je continuerai mes études.	If I get good results, I'll stay on at school.

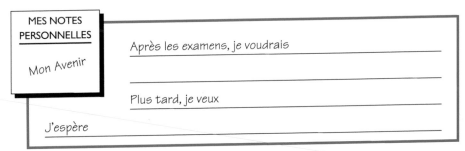

MES NOTES PERSONNELLES

Mon Avenir

Après les examens, je voudrais

Plus tard, je veux

J'espère

◆ Higher words

le lycée technique	technical college	l'espoir (m)	hope
un apprentissage	apprenticeship	s'inscrire	to enrol, register
la variété	variety	la formation professionnelle	vocational training
l'enseignement (m)	education	un IUT	college

◆ Higher phrases

Je voudrais travailler avec les gens.	I want to work with people.
Je n'ai pas de projets particuliers.	I don't have any definite plans.

LOOKING FOR A JOB

◆ Foundation words

trouver	to find	le chômeur	unemployed person
poser sa candidature	to apply		
chercher	to look for	un emploi	job
le chômage	unemployment	la formation	training
		expérimenté	experienced

◆ Foundation phrases

Mon frère est au chômage.	My brother is unemployed.
Il cherche du travail.	He's looking for work.
Il cherche depuis six mois.	He's been looking for six months.
Il n'a rien trouvé.	He's not found anything.
Ça doit être très difficile.	That must be very difficult.

◆ Higher words

le salarié	wage earner	le conseiller d'orientation	careers advisor
attiré par	attracted by	une entrevue	interview
le CV	CV	la compagnie	company

◆ Higher phrases

Je suis attiré par une carrière dans l'armée.	I'm attracted by a career in the army.
On m'a conseillé de gagner un peu d'expérience pratique.	I've been advised to get some practical experience.
Je veux acquérir de l'expérience.	I want to broaden my experience.

CAREERS AND EMPLOYMENT

◆ Foundation words

la profession	profession	le (la) secrétaire	secretary
le (la) patron (-onne)	boss	le (la) dactylo	typist
un homme d'affaires	businessman	un(e) informaticien	computer
la femme d'affaires	businesswoman	(-ienne)	operator
un agent de police	police officer	le maçon	builder
le (la) médecin	doctor	un(e) ouvrier (-ière)	worker
le (la) dentiste	dentist	le chauffeur (de taxi)	(taxi) driver
un(e) infirmier (-ière)	nurse	le facteur	postman
un(e) avocat (-e)	lawyer	le (la) fermier (-ière)	farmer
le (la) comptable	accountant	le (la) garagiste	garage worker
le (la) gendarme	policeman	le (la) mécanicien (-ienne)	mechanic
	(woman)	un(e) électricien (-ienne)	electrician
le (la) vétérinaire	vet	le plombier	plumber
le (la) vendeur (-euse)	salesman/	le garçon de café	waiter
	woman	le serveur	waiter
		la serveuse	waitress
un(e) épicier (-ière)	grocer	une hôtesse de l'air	air hostess
le (la) boucher (-ère)	butcher	le (la) coiffeur (-euse)	hairdresser
le (la) boulanger (-ère)	baker	la ménagère	housewife
le (la) caissier (-ière)	cashier		

◆ Foundation phrases

Ma mère est ménagère.	My mum is a housewife.
Mon père est agriculteur.	My dad is a farmer.
Ma cousine espère être coiffeuse.	My cousin hopes to be a hairdresser.
Qu'est-ce qu'elle fait dans la vie?	What job does she do?
Elle travaille comme chauffeur.	She works as a driver.
Quel est son métier?	What's her job?
Elle travaille dans une grande usine.	She works in a big factory.
J'ai travaillé dans un magasin pendant les vacances.	I worked in a shop during the holidays.
Je travaille le week-end dans un magasin en ville.	At the weekend, I work in a shop in town.
J'y travaille depuis deux ans.	I've been working there for two years.

◆ Higher words

une ambition	ambition	un artisan	craftsman
un emploi permanent	permanent job	le (la) décorateur (-trice)	decorator
un(e) agriculteur (-trice)	farmer	le (la) conducteur (-trice)	driver

le (la) photographe	photographer	le (la) juge	judge
le marin	sailor	le (la) syndicaliste	trade unionist
le (la) soldat (-e)	soldier	le syndicat	trade union
le (la) commerçant (-e)	shop-keeper	le (la) gréviste	striker
le (la) dessinateur (-trice)	designer	la grève	strike
un employeur	employer	licencier	to make redundant
le (la) gérant (-e)	manager		
le PDG	managing director	la rémunération	pay, wages
le (la) fonctionnaire	civil servant	à temps partiel	part time
le (la) chirurgien (-ienne)	surgeon	fabriquer	to make, manufacture

◆ **Higher phrases**

Je cherche un emploi qui m'offre de la sécurité. — I'm looking for a job with security.

Mon ambition est d'être pilote. — My ambition is to become a pilot.

Il travaille à son compte. — He's self-employed.

What jobs are being advertised?

What jobs are people looking for?

■ OFFRES D'EMPLOIS

Recherche H., F., vendeur parfum cosmétique, maquillage grande qualité, % motivant, poss. promotion. Tél 02. 51.51.84.20

Embauche de suite maçons, région Niort. Tél. 05. 49.59.03.14 ou 05. 49.76.76.05.

Urgent, recherche serveuse restauration avec expérience. Tél. 49.05.50.54, ou Café de la Ville, place du Marché, Saint-Maixent-l'École

Restaurant le Victor cherche serveur(se), expérience exigée. Se présenter 685, route de Paris, Niort, Tél. 05. 49.44.26.54

Cherche vendeuse bijouterie, expérience demandée. Envoyer C.V. + photo à Havas, Nº 5091, B.P. 304, 79009 Niort Cedex.

■ DEMANDES D'EMPLOIS

J.F. recherche emploi heures de ménage, garde enfants ou pers. âgées. Tél. 02. 43.67.23.98.

J.F. étudiante, BTS secrétaire, trilingue, 1re année, CHER. travail juillet, étudierait ttes prop. Tél. 02.54.23.78.90.

Jeune homme recherche place chauffeur poids lourds, permis CL, C, expérience. Ecrire correspondant Nouvelle-République, 79330 Saint-Varent.

COMPUTERS

◆ Foundation words

un ordinateur	computer
le micro-ordinateur	micro-computer
un écran	screen
une imprimante	printer
imprimer	to print
le clavier	keyboard
la disquette	floppy disk
le cédérom	CD-Rom
le curseur	cursor
le logiciel	software
la messagerie électronique	e-mail
le traitement de texte	word-processing
le site web	website

◆ Foundation phrases

charger un programme	to load a programme
J'adore surfer sur le net.	I love surfing the net.

◆ Higher words

le fichier	file
le courrier électronique	e-mail
le programmeur	programmer
la base de données	data-base
le disque dur	hard drive
la puce	chip
formater	to format
éditer	to edit
effacer	to delete
fermer	to shut down
charger	to load
le mot de passe	password

◆ Higher phrases

J'aimerais devenir programmeur.	I'd like to become a programmer.
Je corresponds avec mon frère par courrier électronique.	I write to my brother by e-mail.

POCKET MONEY

◆ Foundation words

acheter	to buy
faire des économies	to save money
gagner	to earn
distribuer	to deliver, give out
faire du baby-sitting	to babysit
livrer	to deliver
payer	to pay
l'argent (m) de poche	pocket money
la banque	bank
le cadeau	present
la livre sterling	pound sterling
le magasin	shop
par mois	per month
par semaine	per week
les vêtements	clothes
le journal (journaux)	newspaper(s)
le week-end	weekend
à mi-temps	part-time
seulement	only

◆ Foundation phrases

J'ai cinq livres par semaine.	I have five pounds per week.
J'achète du maquillage.	I buy make-up.
Je fais des économies.	I save some money.
Je travaille pour mon beau-père pour gagner de l'argent.	I work for my step-father to earn some money.
Je ne travaille pas le week-end.	I don't work at the weekends.
Je distribue des journaux tous les matins.	I deliver newspapers every morning.
J'ai souvent fait du baby-sitting.	I've often done babysitting.
On me paie sept euros par heure.	I get paid seven euros per hour.
Je trouve que c'est assez bien/mal payé.	I think it's fairly well/badly paid.

MES NOTES PERSONNELLES

Mon Argent

J'ai _____ par semaine.

J'achète _____

Pour gagner de l'argent, je _____

_____

◆ Higher words

temporaire	temporary	dépenser	to spend
le pourboire	tip	économiser	to save
satisfait	satisfied	emprunter	to borrow
le compte bancaire	bank account	prêter	to lend
le fric	money (slang)	augmenter	to increase

◆ Higher phrases

Je dépose mon argent sur mon compte.	I pay my money into my account.
Je dépense tout mon argent.	I spend all my money.

HOW TO LEARN

VOCABULARY

To make learning French vocabulary more manageable, you need to decide which words are most important for you. Clearly if your father is a postman, then *le facteur* is a word you ought to know. You need to spend more time learning words like *bureau* and *chômage* that are more likely to appear in the texts you meet than *bouchère* or *avocat*.

Put these eight words to do with further education and work into the two categories. Compare your answers with those suggested on page 107.

Very useful for GCSE	Less useful for GCSE
....	....
....	....
....	....
....	....
....	....

expérimenté
le boulot
la puce
gagner
un médecin
l'avenir
un étudiant
un plombier

HOW TO USE A DICTIONARY

Many jobs in French have a masculine and a feminine form. The two most common ways of showing this are the *-euse* and the *-ière* endings on words for the feminine:

le vendeur (salesman)   *la vendeuse* (saleswoman)

le fermier (male farmer)   *la fermière* (female farmer)

Complete these sentences describing what some women do for a living:

1 Il est coiffeur et elle est ....

2 Il est épicier et elle est ....

3 Il est serveur et elle est ....

(Answer on page 107)

Services and the Media

POST

◆ **Foundation words**

la boîte aux lettres	letter box	envoyer	to send
la poste	post, post office	mettre à la poste	to post
le bureau de poste	post office	par avion	by air
le (bureau de) tabac	tobacconist's	pour	for
la lettre	letter	le timbre	stamp
la carte postale	postcard	se trouver	to be (situated)
le colis	parcel		

◆ **Foundation phrases**

Où est la boîte aux lettres?	Where's the letter box?
Elle se trouve devant la poste.	It's in front of the post office.
Je voudrais envoyer une lettre en Angleterre.	I'd like to send a letter to England.
C'est combien pour envoyer une carte postale au Pays de Galles?	How much is it to send a postcard to Wales?
Je peux envoyer cette lettre par avion?	Can I send this letter by air?
Un timbre à un euro cinquante, s'il vous plaît.	A one euro fifty stamp, please.
Donnez-moi deux timbres à trois euros.	Give me two three euro stamps.

◆ **Higher words**

le mandat postal	postal order	renvoyer	to send back, return
la levée	collection (mail)		
le courrier	mail	ci-joint	enclosed, attached
ré-expédier	to send on, forward		
		emballer	to wrap up

◆ **Higher phrases**

Je peux envoyer un télégramme d'ici?	Can I send a telegram from here?
La prochaine levée est à quelle heure?	What time is the next collection?

TELEPHONE

◆ **Foundation words**

le téléphone	phone	composer un numéro	to dial a number
la cabine téléphonique	phone box		
le coup de téléphone	phone call	décrocher (le combiné)	to lift the receiver
le répondeur	answerphone		
allô	hello (phone)	un indicatif	code
à l'appareil	speaking		

laisser	to leave	rappeler	to call back
le message	message	sonner	to ring
le numéro	number	la tonalité	dialling tone
le prénom	first name	zéro	zero, nought
public	public		

◆ **Foundation phrases**

C'est de la part de qui?	Who's speaking?
Quel est votre numéro de téléphone?	What's your phone number?
C'est le zéro un, dix, quatorze, trente, cinquante-deux.	It's 01. 10. 14. 30. 52
Vous connaissez l'indicatif?	Do you know the code?
Madame Dupont à l'appareil.	Mrs Dupont speaking.
Allô, est-ce que je peux parler à Martin, s'il vous plaît?	Hello, can I speak to Martin, please?
Est-ce que Nabilah est là?	Is Nabilah there?
Je voudrais téléphoner à mes parents.	I'd like to ring my parents.
Voulez-vous laisser un message?	Would you like to leave a message?
Est-ce qu'il peut me rappeler?	Can he call me back?
Ne quittez pas!	Don't hang up!
Pouvez-vous répéter, s'il vous plaît?	Can you say that again, please?

◆ **Higher words**

le faux numéro	wrong number	un texto	text message
raccrocher	to hang up	la télécarte	phone card
le PCV	reversed charge call	le coup de fil	phone call
passer	to connect	un annuaire	phone directory
télécopier	to fax	la fente	slot
le téléphone portable	mobile phone	patienter	to hold

◆ **Higher phrases**

Est-ce que je peux téléphoner en PCV?	Can I reverse the charges?
Je me suis trompé de numéro.	I've got the wrong number.
Vous pourriez me passer Madame Roux?	Could you put me through to Mrs Roux?
Je peux vous téléphoner directement?	Do you have a direct line?

Which countries are listed on this leaflet?

(**Les indicatifs internationaux**

La Belgique	00 32	L'Italie	00 39
Le Portugal	00 351	L'Autriche	00 43
La France	00 33	La Suisse	00 41
La Grande-Bretagne	00 44	L'Espagne	00 34
L'Irlande	00 353	Les États-Unis	00 1

BANK

◆ Foundation words

la banque	bank	le chèque de voyage	traveller's cheque
le chèque	cheque	un euro	euro
le carnet de chèques	cheque book	le franc	franc
la carte bancaire	banker's card	la livre sterling	pound sterling
une pièce d'identité	means of identification	mille	thousand
le bureau de change	exchange office	la monnaie	change
le centime	centime	la pièce	coin
		le billet	note

◆ Foundation phrases

Je voudrais changer cinquante livres sterling.	I'd like to change £50.
Vous acceptez les chèques de voyage?	Do you accept traveller's cheques?
Vous avez une pièce d'identité?	Do you have any means of identification?
Il faut aller au bureau de change.	You have to go to the exchange office.
Avez-vous des pièces de deux euros pour le téléphone?	Do you have any two-euro coins for the phone?

◆ Higher words

le taux de change	exchange rate	le distributeur	cash dispenser
le chéquier	cheque book	la récompense	reward
les frais (m)	expenses, fee	valoir	to be worth
le compte (en banque)	(bank) account	la carte bleue	major French credit card
déposer	to deposit		
toucher de l'argent	to withdraw	l'or	gold

◆ Higher phrases

Quel est le taux de change?	What's the exchange rate?
Combien est-ce que je peux retirer?	How much can I take out?
Je voudrais toucher ce chèque.	I'd like to cash this cheque.
Un euro vaut à peu près 60 pence.	One euro is worth about 60p.
Le gouvernement a haussé les impôts.	The government has raised taxes.

LOST PROPERTY OFFICE

◆ Foundation words

le bureau des objets trouvés	lost property office	le passeport	passport
perdre	to lose	le collier	necklace
un portefeuille	wallet	la montre	watch
un sac	bag	les boucles d'oreille (fpl)	earrings
un sac à main	handbag	le bracelet	bracelet
les lunettes	spectacles	la marque	make
les lunettes de soleil	sunglasses	laisser	to leave
une valise	suitcase	je l'ai laissé(e)	I left it
un appareil-photo	camera	je les ai laissé(e)s	I left them
un parapluie	umbrella	remplir	to fill in
		un formulaire	form

◆ Foundation phrases

J'ai perdu un appareil-photo.	I have lost a camera.
Je l'ai laissé dans le bus.	I left it on the bus.
Mon porte-monnaie est rouge.	My purse is red.
Avez-vous un parapluie bleu, s'il vous plaît?	Do you have a blue umbrella, please?

◆ Higher words

réaliser (que)	to realise (that)	rendre	to give back
remettre	to hand in	une bague	ring

◆ Higher phrases

J'ai perdu une valise noire en cuir.	I have lost a black leather suitcase.
Je crois que je l'ai laissé(e) à l'aéroport.	I think I left it at the airport.
Il y avait 60 euros dans mon portefeuille.	There was €60 in my wallet.
Avez-vous trouvé une montre Swatch en argent?	Have you found a silver Swatch watch?
Pourriez-vous me l'envoyer par la poste?	Could you post it to me?

ADVERTISING

◆ Foundation words

une annonce	advert	mieux	better
un animateur	host, compère (m)	la mode	fashion
une animatrice	host, compère (f)	penser	to think
un avis	opinion	la photo	photo
la couleur	colour	la publicité	advert
formidable	great	la petite annonce	small advert
une image	picture	une affiche	poster

◆ Foundation phrases

A mon avis, cette publicité est formidable.	In my opinion, this advert is great.
Je déteste cette image.	I hate this picture.
Je n'aime pas la photo non plus.	I don't like the photo either.
Nous préférons cette publicité.	We prefer this advert.

◆ Higher words

le succès	success	la vente	sale
le spot télévisé	TV commercial		

◆ Higher phrases

Je ne m'intéresse pas à la publicité.   I'm not interested in advertising.

◆ Slogans

Match the slogans to the articles.

1 Elles ont toutes les couleurs de la vie.

2 La meilleure façon de marcher.

3 Au départ pour l'Angleterre, 60 navettes par jour.

4 Nos clients gardent longtemps leur voiture. Il faut dire qu'elles sont faites pour garder longtemps leur propriétaire.

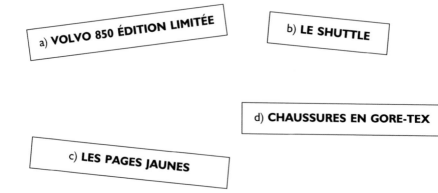

a) VOLVO 850 ÉDITION LIMITÉE

b) LE SHUTTLE

d) CHAUSSURES EN GORE-TEX

c) LES PAGES JAUNES

(Answer on page 107)

MEDIA

◆ Foundation words

la télé par satellite	satellite TV	sous-titré	sub-titled
le disque compact	CD	en version française	in French
enregistrer	to record		
en différé	pre-recorded	la presse	press
en direct	live	la radio	radio
		la télévision	television
un acteur	actor	le dessin animé	cartoon
une actrice	actress	une émission	programme
la vedette	star	les informations (fpl)	the news
chanter	to sing	les actualités (fpl)	the news
le (la) chanteur	singer	le film	film
(-euse)		la pièce de théâtre	play
célèbre	famous	le magazine	magazine
classique	classical	le journal	newspaper
regarder	to watch	un article	article
écouter	to listen		
fermer	to switch off		
allumer	to switch on	*See page 56 for more about music and films*	

◆ Foundation phrases

Qu'est-ce qu'il y a à la télévision ce soir?	What's on television this evening?
Il y a un bon film policier.	There's a good detective film.
C'est en version française?	Is it in French?
C'est sous-titré.	It's sub-titled.
Il y a une émission de musique classique.	There's a classical music programme.
Elle commence à huit heures.	It starts at eight o'clock.
Je peux regarder la télévision?	May I watch television?
J'ai vu un bon film hier soir.	I saw a good film last night.

◆ Higher words

la photo satellite	satellite picture	le héros	hero
une antenne parabolique	satellite dish	l'héroïne	heroine
la télé câblée	cable TV	le méchant	baddie
la chaîne	channel	tourner un film	to make a film
le téléspectateur	viewer		
le téléjournal	TV news	le quotidien	daily newspaper
les infos	news	un hebdomadaire	weekly newspaper
le flash	newsflash	le mensuel	monthly
le mélo	soap		magazine

la revue de mode	fashion magazine	la Une	the front page
le roman photo	photo romance	les faits divers	news in brief
le rédacteur	editor	un abonnement	subscription
le gros titre	headline	le lecteur	reader
		le sondage	survey

What's on television tonight?

16.50	Dessin animé	**18.20**	Actualités régionales
17.10	Flash d'informations	**18.30**	Dune, *film américain de*
17.15	Météo		*science-fiction*
17.20	Sports dimanche soir		

MEDIA OPINIONS

◆ **Foundation words**

une opinion	opinion	extrêmement	extremely
casse-pieds	annoying, boring	formidable	great
mauvais	bad	génial	terrific
moche	ugly, lousy	passionnant	exciting
nul	no good	rire	to laugh
pénible	painful	sensass	fantastic
amusant	funny	super	super
drôle	funny		
chouette	great		
extraordinaire	extraordinary	*See page 30 for describing school and people.*	

◆ **Foundation phrases**

La vedette était sensass!	The star was fantastic!
Il s'agit d'une famille anglaise.	It's about an English family.
Je ne lis pas le journal, parce que c'est ennuyeux.	I don't read the paper, because it's boring.
J'aime bien regarder la télé.	I really like watching television.
Les films d'aventures sont passionnants.	Action films are exciting.
Je suis d'accord avec toi.	I agree with you.
Le programme était génial, non?	The film was terrific, wasn't it?
J'ai préféré le film d'épouvante.	I preferred the horror film.
C'était nul, n'est-ce pas?	It was no good at all, was it?
Ce n'était pas mal.	It wasn't bad.
Je trouve les westerns nuls.	I find cowboy films terrible.
A mon avis, les films policiers sont affreux.	In my opinion, detective films are awful.
C'est le meilleur programme à la télé.	It's the best programme on television.

46

MES NOTES PERSONNELLES	
Mon Opinion	A mon avis, les _____ sont _____
	_____
	Mon émission préférée, c'est _____
parce que _____
_____
_____

◆ **Higher words**

effroyable	appalling	rigolo	amusing
épouvantable	terrible		

H O W   T O   L E A R N

VOCABULARY

When you have learned the words to do with a topic, copy them out with all the vowels missing. Then do something else for a while, and when you come back to the words, see if you can still fill in the vowels correctly.
What are these words?

1 ch — — — tt — = *great*   ....

2 un — cr — n = *a screen*   ....

3 les — ct — — l — t — s = *news*   ....

4 les — nf — rm — t — — ns = *the news*   ....

(Answer on page 107)

HOW TO USE A DICTIONARY

Practise finding a word in a dictionary as quickly as possible. Look at the first ten words in the Post section on page 40. For each word, open your dictionary at the page where you guess the word will come. Then check the headwords at the top of the page to see how close you were. Then make another more accurate guess from the page you are already looking at. With practice, you will be able to find any word within a few seconds.

TIPS ◆ TIPS ◆ TIPS ◆ TIPS

Health and Welfare

◆ Foundation words

le corps	body	la main	hand
la tête	head	le poing	fist
un œil (les yeux)	eye (eyes)	le doigt	finger
le nez	nose	le cœur	heart
la lèvre	lip	l'estomac (m)	stomach
la voix	voice	le ventre	stomach
une oreille	ear	le dos	back
la dent	tooth	la jambe	leg
la joue	cheek	le genou	knee
le cou	neck	le pied	foot
la gorge	throat		
le bras	arm	*See page 8 for describing people.*	

◆ Foundation phrases

Il a un gros nez.	He's got a large nose.
De la tête aux pieds.	From head to foot.
Il m'a donné un coup de pied.	He kicked me.

◆ Higher words

le doigt de pied	toe	la poitrine	chest
la cheville	ankle	le menton	chin
le front	forehead	un ongle	nail
handicapé physique	physically handicapped	le poignet	wrist
		le coude	elbow
le sang	blood	une épaule	shoulder
le foie	liver	la cuisse	thigh
le poumon	lung	un os	bone
les reins	kidneys	la peau	skin

COMMON AILMENTS

◆ Foundation words

avoir mal à	to have a pain in	lever	to raise
bouger	to move	avaler	to swallow
être enrhumé	to have a cold	souffrir	to suffer
se coucher	to go to bed	comme ci, comme ça	not bad
tousser	to cough	chaud	hot
tomber malade	to fall ill	fatigué	tired
dormir	to sleep	froid	cold
se sentir	to feel	malade	ill

pas mal	not bad	la maladie	illness
le rhume	cold	le symptôme	symptom
pâle	pale	grave	serious

◆ Foundation phrases

Ça va bien/mal/mieux.	I'm fine/not well/better.
Je me sens malade.	I feel ill.
J'ai froid/chaud.	I'm cold/hot.
J'ai mal à la tête.	I've got a headache.
J'ai mal au dos.	My back hurts.
Je n'ai pas faim.	I'm not hungry.
Je peux me coucher?	Can I go to bed?
Je suis enrhumé.	I've got a cold.
Je me suis fait mal au genou.	I've hurt my knee.
Ce n'est pas grave.	It's not serious.

Read these medicine labels.

posologie:
2 cuillerées à café (soit 10ml) 3 fois par jour après les 3 principaux repas et éventuellement, le soir au coucher

POSOLOGIE ET MODE D'EMPLOI
ADULTES (à partir de 15 ans):
1 à 2 **comprimés** par prise, 1 à **3 fois** par 24 heures à 4 heures d'intervalle au minimum.
Avaler les comprimés avec une gorgée de liquide.

◆ Higher words

suer	to sweat	ivre	drunk
vomir	to vomit	une entorse	sprain
trembler	to shiver	le SIDA	AIDS
le coup de soleil	sunburn	le préservatif	condom
l'insolation	sunstroke	la crise cardiaque	heart attack
le mal de mer	sea-sickness	le stress	stress
la toux	cough	épuiser	to exhaust
le rhume des foins	hayfever	respirer	to breathe
cracher	to spit	s'évanouir	to faint
la douleur	pain	essoufflé	out of breath
souffrir de	to suffer from	aveugle	blind
constipé	constipated	sourd	deaf
la diarrhée	diarrhoea	la voix	voice
la fièvre	temperature	le plombage	filling
allergique à	allergic to		

◆ Higher phrases

J'ai vomi deux fois.	I've been sick twice.
Ça fait mal depuis trois jours.	It has been hurting for three days.
Il s'est cassé la jambe.	He's broken his leg.

49

Je me suis foulé la cheville.	I've sprained my ankle.
J'ai perdu ma voix.	I've lost my voice.
Il s'est brûlé la main.	He's burnt his hand.
Je me suis coupé la main.	I've cut my hand.
Elle a des problèmes respiratoires.	She's got breathing difficulties.

ACCIDENTS AND EMERGENCY

◆ Foundation words

un accident	accident	le sirop	cough mixture
une ambulance	ambulance	du sparadrap	(sticking) plaster
urgent	urgent	le comprimé	tablet
au secours!	help!	une ordonnance	prescription
écraser	to run over	une aspirine	aspirin
renverser	to knock over	la drogue	drug
tomber	to fall		
se faire mal	to hurt oneself	le pharmacien	chemist
se noyer	to drown	le chirurgien	surgeon
		un opticien	optician
antiseptique	antiseptic	s'inquiéter	to be worried
la crème (solaire)	(sun) cream	se reposer	to rest
la pastille	throat sweet	sain	healthy
piquer	to sting	le fumeur	smoker
la piqûre	injection, sting		

What do these signs mean?

DEFENSE de FUMER

ENTREE
Strictement RESERVEE
AUX AMBULANCES
ET AU CORPS MEDICAL

DANGER DE MORT
Accessible seulement au
personnel autorisé

SORTIE DE SECOURS

◆ **Foundation phrases**

Je suis tombé.	I fell down.
Ça fait mal quand je bouge.	It hurts when I move.
Je vais vous faire une piqûre.	I'm going to give you an injection.
Je voudrais me reposer un peu.	I'd like to lie down for a while.

◆ **Higher words**

se remettre	to recover	protéger	to protect
le plâtre	plaster (cast)	soulager	to relieve
la radiographie	X-ray	guérir	to cure
le cabinet	doctor's surgery	prendre rendez-vous	to make an appointment
le contrôle	check-up		
le SAMU	mobile emergency medical service	la santé	health
		l'hygiène	hygiene
les premiers soins	first aid	la blessure	injury
le pansement	dressing	la médecine	medecin
les béquilles	crutches	la cuillerée	spoonful
la civière	stretcher	le remède	cure
soigner	to look after, care for	la pilule	pill

◆ **Higher phrases**

Remets-toi vite!	Get well soon!
Je dois faire un régime.	I must go on a diet.
Elle est en bonne santé.	She's in good health.
Il a été grièvement blessé.	He's been seriously injured.
Je dois garder le lit.	I must stay in bed.

HEALTHY LIFESTYLE. AM I FIT?

◆ **Foundation words**

l'alcool (m)	alcohol	le mal	harm
sans alcool	alcohol-free	la drogue	drug
boire	to drink	se droguer	to take drugs
une boisson	drink	l'exercice (m)	exercise
une boisson alcoolisée	alcoholic drink	faire de l'exercice	to do exercise
manger	to eat	la fumée	smoke
le repas	meal	fumer	to smoke

la cigarette	cigarette	sain	healthy
le tabac	tobacco	équilibré	balanced
le danger	danger	un régime équilibré	balanced diet
dangereux	dangerous	sainement	healthily

◆ **Foundation phrases**

Je ne fume pas. C'est mauvais pour la santé.	I don't smoke. It's bad for your health.
Je fais beaucoup d'exercice, par exemple …	I do a lot of exercise, for example …
A mon avis, se droguer est très dangereux.	In my opinion, to take drugs is very dangerous.

◆ **Higher words**

l'aérobic	aerobics	rester en forme	to keep fit
l'alcoolisme (m)	alcoholism	en bonne/mauvaise santé	healthy/unhealthy (person)
les matières grasses	fats	une nourriture saine	healthy food
sans matières grasses	low fat	le fast-food	fastfood (place)
le régime	diet	gras	fatty
faire un régime	to be on a diet	arrêter de fumer	to stop smoking
garder la ligne	to stay slim	le risque	risk
en forme	fit		

◆ **Higher phrases**

Je ne mange pas de chocolat parce que ça fait grossir.	I don't eat chocolate because it's fattening.
J'ai arrêté de fumer l'année dernière.	I stopped smoking last year.
Je fais de mon mieux pour rester en forme.	I do my best to keep fit.
Je fais de l'aérobic trois fois par semaine.	I go to aerobics classes three times a week.

H O W   T O   L E A R N

VOCABULARY

Some words in English might help you remember parts of the body in French. For instance "corpse" might help you remember *le corps*.

Which French words (parts of the body) do these English words make you think of?

1 dental   ....

2 manual   ....

3 pedestrian   ....

(Answer on page 107)

HOW TO USE A DICTIONARY

As in all languages, some words in French have more than one meaning. In your dictionary look up these words from this section to find meanings other than the ones given:

1 la joue   ....

2 la douleur   ....

3 mal   ....

4 écraser   ....

5 la gorge   ....

(Answer on page 107)

53

Free Time

HOBBIES AND SPORT

◆ **Foundation words**

le sport	sport	se détendre	to relax
le football	football	gagner	to win
le tennis	tennis	jouer	to play
le hockey	hockey	le joueur	player
le ping-pong	table tennis	participer (à)	to take part (in)
la boxe	boxing	faire partie de	to belong to
la natation	swimming	collectionner	to collect
l'équitation (f)	horse riding		
le golf	golf	actif	active
faire des promenades	to go walking	le loisir	leisure
la randonnée	hike	le passe-temps	pastime
l'alpinisme (m)	climbing	la distraction	leisure activity
l'athlétisme (m)	athletics	une équipe	team
le basket	basketball	le match	match
les boules	bowls	le concours	competition
le cyclisme	cycling	le championnat	championship
le handball	handball	le jeu	game
le rugby	rugby	le match nul	draw
le ski	ski	un arbitre	referee
le ski nautique	water-skiing	le membre	member
les sports d'hiver	winter sports		
le volley	volleyball	lire	to read
la voile	sailing	la lecture	reading
		le roman	novel
le ballon	ball	la bande dessinée	comic
les cartes	cards	le dessin animé	cartoon
faire de la planche à roulettes	to skateboard	un illustré	magazine
		un écrivain	writer
les patins à roulettes	rollerskates		
plonger	to dive	un ordinateur	computer
attraper	to catch	les jeux vidéo	computer games
aller à la pêche	to go fishing		
la canne (à pêche)	fishing rod	la chaîne	channel
le centre de loisirs	leisure centre	coudre	to sew
la patinoire	skating rink	la photo	photo
la piste	track, ski run	prendre (des photos)	to take (photos)
le stade	stadium	la pellicule	film
le terrain	pitch, course	la pile	battery
la piscine	swimming pool	la peinture	painting

54

◆ **Foundation phrases**

Je joue au golf tous les samedis.	I play golf every Saturday.
J'aime faire de la planche à roulettes.	I like skateboarding.
Mon sport préféré, c'est le tennis.	My favourite sport is tennis.
Je suis membre d'une équipe de football.	I'm a member of a soccer team.
A la maison, je lis beaucoup de bandes dessinées.	I read a lot of comics at home.
Je joue quelquefois aux cartes .	I sometimes play cards.
On va faire une promenade?	Shall we go for a walk?

MES NOTES PERSONNELLES

Mes Passe-temps

Mon sport préféré, c'est _____

Quelquefois, je joue _____

avec _____

A la maison, _____

_____

_____

_____

_____

◆ **Higher words**

la musculation	body-building	le VTT (vélo tout terrain)	mountain bike
l'aérobic	aerobics		
une exposition	exhibition	faire une partie de ...	have a game of ...
tricoter	to knit	chasser	to hunt
s'entraîner	to train	sauter	to jump
le jouet	toy	le fusil	gun
la balle	(small) ball	l'étape	leg, stage
le tournoi	competition, tournament	la piste	trail/ run
		le moniteur (de ski)	(skiing) instructor
marquer un but	to score a goal		
les arts martiaux	martial arts	l'accro	fan, addict
le jeu de société	board game	le filet	net
l'escalade	climbing	habile	clever, skilful
l'escrime	fencing		

◆ **Higher phrases**

Autrefois, j'étais un scout.	I used to be a scout.
Je m'entraîne trois fois par semaine.	I train three times a week.
J'adore faire de l'aérobic.	I like doing aerobics.
Mes parents m'ont acheté un VTT.	My parents bought me a mountain bike.

MUSIC AND FILMS

◆ **Foundation words**

la chanson	song	le film d'épouvante	horror film
le tube	hit song	le film de science-fiction	sci-fi film
la boîte de nuit	night club	le western	western
danser	to dance		
le bal	dance	commencer	to begin
le concert	concert	coûter	to cost
		la séance	performance
la musique (pop)	(pop) music	le spectacle	show
un orchestre	orchestra	le cinéma	cinema
un instrument	instrument	la salle (de cinéma)	(cinema) screen
la guitare	guitar	un enfant	child
la trompette	trumpet	un(e) adulte	adult
le violon	violin	une entrée	ticket
le piano	piano	un(e) étudiant(e)	student
		la place	seat
le film	film	le prix	price
le film romantique	romance	le film	film
le film d'aventures	adventure film	le groupe	group
le film policier	detective film	interdit	forbidden
le film comique	comedy		

See page 45 for more about the media.

◆ **Foundation phrases**

Moi, j'aime beaucoup jouer de la guitare.	I very much like playing the guitar.
Je joue du violon depuis longtemps.	I've been playing the violin for a long time.
La séance commence à quelle heure?	When does the performance begin?
Le film finit à minuit.	The film finishes at midnight.
Il y a des réductions pour les étudiants?	Are there reductions for students?
Qu'est-ce qu'on joue ce soir?	What's on this evening?
C'est quelle sorte de film?	What sort of film is it?
Si on allait au cinéma?	How about going to the cinema?
J'aimerais mieux aller à une rave.	I'd prefer to go to a rave.
Deux places pour la salle trois.	Two seats in screen three.
Ce film est interdit aux moins de dix-huit ans.	That film has an 18-certificate.

◆ Higher words

la batterie	drumkit	chanter dans la chorale	sing in a choir
le baladeur	walkman, personal stereo	un caméscope	camcorder
		enregistrer	to record
la platine laser	CD player	l'entracte (m)	interval
le compositeur	composer	le sous-titre	subtitle
le drame	drama, play	paraître	to appear
la tragédie	tragedy	une ouvreuse	usherette
le metteur en scène	producer		

◆ Higher phrases

Je jouais de la batterie autrefois. I used to play the drums.

Jouer du piano, ça me fait plaisir. Piano-playing is fun.

◆ Film titles

a) What are these films called in English?

1 Le Roi Lion
2 La Guerre des Etoiles
3 Quatre Mariages et un Enterrement
4 Les Dents de la Mer
5 Pour une Poignée de Dollars

b) Match the films with these descriptions:

a) un film de science-fiction

b) un western

c) un film d'aventures

d) un dessin animé

e) un film comique

(Answer on page 107)

TRIPS AND MEETINGS

◆ Foundation words

dépenser	to spend (money)	le bureau de renseignements	information office
visiter	to visit (place)	une excursion	trip
rendre visite à	to visit (person)	**le cirque**	circus
acheter	to buy	**la foire**	fair
attendre	to wait	la maison des jeunes	youth club
avoir lieu	**to take place**		
demander	to ask	le billet	ticket
inviter	to invite	la brochure	brochure
payer	to pay	le café	café
réserver	to reserve, book	le restaurant	restaurant
		le magasin	shop
		le musée	museum
proposer	**to suggest**	le parc	park
réduit	**reduced**	la personne	person
jusqu'à	until	la réduction	reduction
libre	free	**le dépliant**	**leaflet**
chez moi	at my house	sortir	to go out
gratuit	free	**le théâtre**	**theatre**
à partir de	from	voir	to see
sauf	except for		
le syndicat d'initiative	tourist office		

See page 60 for more about socialising.

◆ Higher words

inclus	included	le feu de joie	bonfire
se donner rendez-vous	to arrange to meet	le jeu d'arcade	arcade game
l'adhérent	member	le parc d'attractions	funfair

◆ Hobbies

Write the French hobby for these 6 pictures in order of preference, starting with your favourite one.

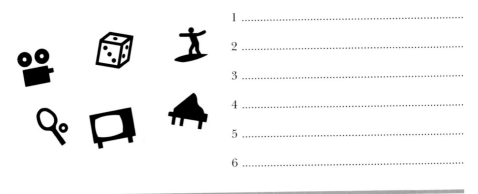

1 ....

2 ....

3 ....

4 ....

5 ....

6 ....

H O W   T O   L E A R N

VOCABULARY

If this book belongs to you, highlight words that apply to you or tick words that you have learned; then add other words that apply to you. Customise your vocabulary so that you can talk about what interests and concerns you personally.

HOW TO USE A DICTIONARY

Your dictionary should have a list of verbs in it with all the perfect and imperfect tenses of irregular verbs. Make sure that you know where it is and learn from it before you go into the exam.

Use your dictionary verb list to find out the perfect tense of these four verbs:

elle lit	–	elle a lu
1 je sors	–	....
2 tu vois	–	....
3 il finit	–	....
4 nous faisons	–	....

(Answer on page 107)

T I P S ◆ T I P S ◆ T I P S ◆ T I P S ◆

Social Activities

S O C I A L I S I N G

◆ Foundation words

bonjour	hello	décider	to decide
salut	hi!	déranger	to disturb
l'accueil (m)	welcome	le (la) camarade	friend
bonsoir	good evening	le (la) correspondant(e)	penfriend
ça va	I'm fine	d'accord	OK
		certainement	certainly
enchanté	pleased to meet you	désolé	very sorry
		il faut	it's necessary
à bientôt	see you soon		
à demain	till tomorrow	impossible	impossible
à samedi	see you on Saturday	malheureusement	unfortunately
		peut-être	perhaps
à tout à l'heure	see you in a bit	possible	possible
au revoir	goodbye	présenter	to introduce
bonne nuit	good night	la raison	reason
		ravi	delighted
la boum	party	refuser	to refuse
la fête	party	regretter	to regret
la surprise-partie	party	rencontrer	to meet
accepter	to accept	saluer	to wave
accompagner	to go with		
connaître	to know	*See page 58 for more about trips.*	

◆ Foundation phrases

Je te présente mon frère, Alain.	This is my brother, Alain.
Comment allez-vous?	How are you?
Voici mon correspondant français.	This is my French penfriend.
Tu vas rencontrer toute ma famille.	You're going to meet all of my family.
Je ne connais pas Claire.	I don't know Claire.
Tu veux venir à ma fête samedi?	Do you want to come to my party on Saturday?
Tu es libre, ce soir?	Are you free this evening?
J'accepte ton invitation avec plaisir.	I accept your invitation with pleasure.
Malheureusement, je ne pourrai pas venir.	Unfortunately, I won't be able to come.
Je regrette mais je dois rester avec ma petite sœur.	I'm sorry but I have to stay at home with my little sister.
C'est dommage!	It's a shame!
Ah, tu es très gentil!	Ah, that's very nice of you!
Quelle bonne idée!	What a good idea!

◆ Higher words

ça dépend	it depends	le spectateur	spectator
je m'excuse	I'm sorry	branché	with it
je veux bien	with pleasure	la plaisanterie	joke
accueillant	welcoming	souhaiter	to wish
accueillir	to welcome	rejoindre	to meet

SPECIAL EVENTS AND FESTIVALS

◆ Foundation words

félicitations	congratulations	le premier janvier	January 1st
Joyeux Noël	Happy Christmas	le premier mai	May 1st
		le quatorze juillet	July 14th
un anniversaire	birthday	le onze novembre	November 11th
bon anniversaire	Happy birthday	le vingt-cinq décembre	December 25th
bonne année	Happy New Year		
le Nouvel An	New Year	religieux	religious
avoir lieu	to take place	la religion	religion
le cadeau	present	Dieu	God
la carte	card	chrétien	christian
la fête	holiday, festival	protestant	protestant
important	important	catholique	catholic
Pâques	Easter	juif	jewish
se passer	to happen	musulman	muslim
la sorte de	sort of	sikh	sikh
spécial	special	hindou	hindu
étonner	to surprise	bouddhiste	buddhist

MES NOTES PERSONNELLES

Les Dates

Mon anniversaire _____

_____

L'anniversaire de _____

Des dates importantes pour moi _____

_____

_____

_____

_____

_____

◆ Higher words

la Pentecôte	Whitsuntide	la Saint-Valentin	Valentine's Day
Vendredi Saint	Good Friday	la Toussaint	All Saints' Day
la Saint-Sylvestre	New Year's Eve	le défilé	procession

SOCIAL ACTIVITIES

◆ Foundation words

agréable	pleasant	prochain	next
s'amuser	to have fun	remercier	to thank
avec plaisir	with pleasure	revenir	to return
bienvenu(e)	welcome	cet après-midi	this afternoon
bon voyage!	have a good journey!	ce soir	this evening
		entendu	OK
bon week-end!	have a good weekend!	le rendez-vous	meeting
		se donner rendez-vous	to arrange to meet
bonne chance!	good luck!		
heureux/heureuse	happy	(se) rencontrer	to meet (each other)
l'hospitalité	hospitality		
montrer	to show	la semaine	week
passer	to spend (time)	se voir	to meet

◆ Foundation phrases

Bienvenu(e) chez nous.	Welcome to our house.
Tu as fait bon voyage?	Did you have a good journey?
Je vais te montrer ta chambre.	I'll show you your room.
Tu es fatigué(e) ce matin?	Are you tired this morning?
Merci beaucoup pour votre hospitalité.	Thank you very much for your hospitality.
Vous êtes très gentils.	You are very kind.
Je me suis bien amusé(e).	I've had a lot of fun.
J'espère que tu viendras bientôt chez moi.	I hope you'll come soon to my house.
C'était un séjour formidable.	It was a great visit.
Ça te va?	Does that suit you?
A quelle heure est-ce qu'on se rencontre?	When shall we meet?
A midi, ça te va?	At midday, is that OK for you?
Où est-ce qu'on se voit?	Where shall we meet?
Je t'attendrai à l'arrêt d'autobus.	I'll wait for you at the bus stop.

◆ Higher words

le plaisir	pleasure	la soirée	party
exprès	on purpose	les distractions	entertainment
ça vaut le coup	it's well worth it	l'amateur (de ...)	someone who
une invitation	invitation		likes (...)
casse-pieds	boring	la salutation	greeting

◆ Higher phrases

Tout le plaisir est pour moi.   The pleasure's mine.

H O W   T O   L E A R N

VOCABULARY

A simple way to test yourself quickly on words you have learned is to chop them in half and write them down in two lists. Later you try to put the words back together again. This works especially well with long words.

Put these chopped-up words back together again:

anniv	pondant	....
accom	eusement	....
malheur	able	....
corres	pagner	....
renc	ontrer	....
agré	ersaire	....

(Answer on page 107)

HOW TO USE A DICTIONARY

Set phrases are often difficult to translate, because you don't translate them word for word. If you want to say "it doesn't matter" and you look up "matter", don't end up choosing the wrong word. The dictionary will usually give you the whole phrase.

Look up the underlined words in a dictionary to see if the whole phrase is given:

1 Happy birthday!

2 You're welcome!

3 Bad luck!

Then learn these phrases in full.

Tourism

HOLIDAYS

◆ Foundation words

passer	to spend (time)	la frontière	border
voyager	to travel	le pays	country
la valise	suitcase	la station de ski	ski resort
défaire sa valise	to unpack	la plage	beach
faire ses bagages	to pack	le sable	sand
faire de l'autostop	to hitch	se bronzer	to sunbathe
louer	to rent, hire	le monument	monument
rencontrer	to meet		
se baigner	to bathe	un appareil photo	camera
		la carte d'identité	identity card
le congé	holiday		
le trajet	journey	quinze jours	fortnight
le tourisme	tourism	une quinzaine	fortnight
le (la) touriste	tourist	tous les jours	every day
		le séjour	stay
la colonie de vacances	holiday camp	le souvenir	memory,
le gîte	holiday home		souvenir
le bord de la mer	seaside		
la campagne	countryside	superbe	superb
à l'étranger	abroad	une ambiance	atmosphere

What are these signs telling you about?

Sens de la visite →

CHATEAU D'USSE
XVe XVIe XVIIe siècles
OUVERT au **PUBLIC**
du **15 MARS** au **1er NOV.**

PLAGE
Location de parasols, matelas et chaises longues
Cabines, pédalos, voiliers et planches
Leçons de natation – École de voile

PIQUE-NIQUE INTERDIT SUR LA PLAGE!

SITES ET MONUMENTS HISTORIQUES
← **château royal**
XVIe siècle

◆ **Foundation phrases**

Vous avez passé de bonnes vacances?	Did you have a good holiday?
Je suis allé(e) à l'étranger.	I've been abroad.
Où avez-vous été?	Where did you go?
Nous sommes allés au bord de la mer.	We went to the seaside.
Je suis allé(e) en montagne avec des amis.	I went to the mountains with some friends.
Nous y avons passé une semaine.	We spent a week there.
Nous avons vu des choses intéressantes.	We saw some interesting things.
J'ai vu tous les monuments de Paris.	I saw all the monuments in Paris.
C'était superbe.	It was superb.
Où vas-tu passer tes vacances cette année?	Where are you going to spend your holidays this year?
Nous allons louer un gîte en Italie.	We're going to rent a holiday home in Italy.

MES NOTES PERSONNELLES

Mes Vacances

L'année dernière, je suis allé(e) _____

_____

avec _____

Nous y avons passé _____

Cette année, nous allons _____

_____

_____

◆ **Higher words**

un événement	event
faire du surf	to windsurf
plonger	to dive
l'assurance (f)	insurance
le voyage à forfait	package holiday
la station balnéaire	holiday resort
les vacances de neige	winter holiday
le vacancier	holidaymaker
la télécabine	cable lift
la téléphérique	cable car
le télésiège	chair lift
la remontée mécanique	ski lift
la résidence secondaire	holiday home
le surveillant de plage	lifeguard
la baignade	bathing
s'allonger	to stretch out
la chambre d'hôte	bed and breakfast accommodation
le congé	leave (from work)

◆ Higher phrases

Ça vaut la peine d'être vu.	It's worth seeing.
Quand est-ce que cela aura lieu?	When will that take place?

HOTELS AND YOUTH HOSTELS

◆ Foundation words

une auberge de jeunesse	youth hostel	envoyer	to send
un hôtel	hotel	payer	to pay
		régler	to settle
les arrhes (f pl)	deposit	remplir	to fill in
la note	bill	réserver	to reserve, book
le balcon	balcony	signer	to sign
la chambre	room		
simple	single	le repas	meal
double	double	le déjeuner	lunch
pour une personne	for one person	le dîner	dinner
pour deux personnes	for two people	la demi-pension	bed, breakfast and evening meal
de famille	for a family		
avec douche	with a shower	la pension complète	full-board
avec salle de bains	with a bathroom	le petit déjeuner	breakfast
un étage	floor	moderne	modern
le garage	garage	la nuit	night
l'hébergement (m)	accommodation	par personne	per person
le parking	car park	servi	served
le restaurant	restaurant	le service	service
les toilettes	toilets	complet	full
la vue	view	compris	included
la réception	reception	la fiche	form
la salle de jeux	games room	jusqu'à	until
le dortoir	dormitory	libre	free
le luxe	luxury	occupé	engaged
impressionnant	impressive	le lit	bed
confirmer	to confirm	le drap	sheet

◆ Foundation phrases

Est-ce que je peux réserver une chambre pour la nuit du premier juillet?	Can I reserve a room for the night of July 1st?
Nous arriverons vers dix-neuf heures.	We'll arrive at about 7 pm.
Je vous enverrai un fax pour confirmer la réservation.	I'll send you a fax to confirm the reservation.
Pourriez-vous m'envoyer une brochure?	Could you send me a brochure?

Vous avez une chambre de libre, s'il vous plaît?	Do you have a room free, please?
C'est complet.	It's full.

◆ **Missing parts**
Fill in the missing part of these half-printed signs.

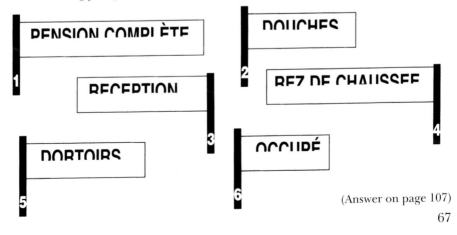

(Answer on page 107)

◆ **Foundation phrases**

Je voudrais une chambre avec vue sur les montagnes.	I'd like a room with a mountain view.
D'accord, je la prends.	Agreed, I'll take it.
J'ai réservé une chambre au nom de X.	I've reserved a room in the name of X.
Où se trouve le restaurant, s'il vous plaît?	Where's the restaurant, please?
Au rez-de-chaussée, derrière la réception.	On the ground floor, behind the reception.
Il y a un parking à l'hôtel?	Is there a car park at the hotel?
Le petit déjeuner est à quelle heure?	When is breakfast?
Le dîner est servi à partir de sept heures et demie.	Dinner is served from 7.30.
Je peux avoir ma note, s'il vous plaît?	Please can I have my bill?

Example letters to a hotel:

Madame,
Suite à notre conversation téléphonique, je confirme ma réservation d'une chambre pour deux personnes, pour la nuit du quinze avril. Voulez-vous m'envoyer la liste des prix et votre brochure?
Je vous prie d'agréer, Madame, l'expression de mes sentiments les meilleurs.

Madame, Monsieur,
Je voudrais réserver une chambre double, du trente juillet au dix août. Pouvez-vous confirmer cette réservation, s'il vous plaît?
Je vous prie d'agréer, Madame, Monsieur, l'expression de mes sentiments distingués.

◆ **Higher words**

les aménagements	facilities	d'avance	in advance
la femme de chambre	chambermaid	scandaleux	disgraceful
critiquer	to criticise	se plaindre	to complain
la TVA	VAT	la fuite	leak

◆ **Higher phrases**

Je voulais une chambre avec balcon.	I wanted a room with a balcony.
Je voudrais me plaindre au directeur.	I want to complain to the manager.
Les aménagements sont scandaleux.	The facilities are a disgrace.
J'ai passé un très bon séjour ici.	I've had a really good stay here.

CAMPING

◆ **Foundation words**

la tente	tent	l'ombre (f)	shade
le sac de couchage	sleeping bag	la prise de courant	electric socket
le canif	penknife	la lampe de poche	torch
le bloc sanitaire	wash facilities	un ouvre-boîte	tin opener
la caravane	caravan	un ouvre-bouteille	bottle opener
le camping	campsite	le tire-bouchon	corkscrew
un emplacement	pitch	une allumette	match

◆ **Foundation phrases**

Vous avez de la place pour deux personnes?	Do you have room for two people?
Ça coûte combien par nuit pour une tente?	How much does it cost per night for a tent?
Est-ce que le camping est bien aménagé?	Is the site well-equipped?

Read these campsite notices.

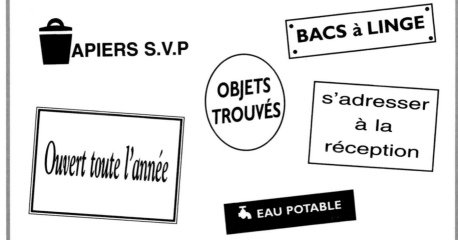

◆ **Higher words**

les ordures	rubbish	une corde	a rope
le réchaud	camp stove	gonfler	to inflate
le dépôt de butane	calor gas shop	le matelas	mattress
la pile	battery	le matériel	equipment

◆ **Higher phrases**

On peut louer un matelas pneumatique?	Can you hire an airbed?
Où devons-nous dresser notre tente?	Where should we pitch our tent?
Je préférerais un emplacement à l'ombre.	I'd prefer a place in the shade.

What's on offer at this campsite?

CAMPING CARAVANING

14430 DOZULÉ   TEL. 03 81 24 77 45

■ **3 km de la mer**
■ **Pêche sur la propriété**
■ **Produits fermiers naturels sur place**
■ **Terrain de boules**
■ **Jeux pour enfants**
■ **Douches chaudes et froides**
■ **École de voile**

OUVERT TOUTE L'ANNÉE

HOW TO LEARN

VOCABULARY

If you like using computers and you have one at home, set up your own vocabulary database, which you can regularly update. This can be by topic, alphabetical, French-English or English-French, or whatever you choose. Set yourself little tests and games on the computer, which you can save and use for revision later. You could, for example, write out some key phrases with words missing, which you have below, and which you need to cut and paste to complete the sentences. Your screen might look like this:

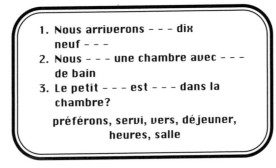

1. Nous arriverons - - - dix neuf - - -
2. Nous - - - une chambre avec - - - de bain
3. Le petit - - - est - - - dans la chambre?

préférons, servi, vers, déjeuner, heures, salle

HOW TO USE A DICTIONARY

Your dictionary helps not just with meanings but also with spellings. Remember to learn all spellings carefully before your writing exam. If you are doing written coursework, check spellings when doing your first draft.

Use your dictionary to correct the spellings of the underlined words in these sentences:

1 Nous voulons des <u>alumettes</u>. ....

2 Je vais vous envoyer des <u>ahrres</u>. ....

3 Nous sommes <u>brittaniques</u>. ....

(Answer on page 107)

International World

THE WIDER WORLD

◆ **Foundation words**

l'Afrique	Africa	le Danemark	Denmark
américain	American	danois	Danish
l'Amérique	America	l'Espagne	Spain
les Etats-Unis	United States	espagnol	Spanish
le Canada	Canada	la France	France
		français	French
l'Angleterre	England	la Grèce	Greece
anglais	English	grec (grècque)	Greek
l'Ecosse	Scotland	la Hollande/les Pays-Bas	Holland
écossais	Scottish	hollandais	Dutch
le Pays de Galles	Wales	l'Italie	Italy
gallois	Welsh	italien	Italian
l'Irlande	Ireland	le Portugal	Portugal
irlandais	Irish	portugais	Portuguese
		la Suède	Sweden
l'Allemagne	Germany	suédois	Swedish
allemand	German	la Suisse	Switzerland
l'Autriche	Austria	suisse	Swiss
autrichien	Austrian		
la Belgique	Belgium	les Nations Unies	United Nations
belge	Belgian	L'Europe	Europe

◆ **Foundation phrases**

J'ai passé les vacances de Noël au Canada.	I spent the Christmas holidays in Canada.
J'aimerais aller aux Etats-Unis.	I'd like to go to the United States.
Je n'ai jamais été en Suisse.	I've never been to Switzerland.
Mon père est écossais.	My father is Scottish.
J'ai un correspondant danois.	I've got a Danish penfriend.

MES NOTES PERSONNELLES

La Nationalité

Je suis né(e) en _____

Je parle _____

Mon père est _____

Ma mère est _____

◆ Higher words

les pays développés	developed countries	un maghrébin	a North African
les pays en voie de développement	developing countries	l'UE (l'Union Européenne)	European Union
les pays francophones	French-speaking countries	l'Etat	state
l'Hexagone	France (because of its shape)	occidental	western
		oriental	eastern
le Massif Central	mountainous area of central France	la politique	politics
		Edimbourg	Edinburgh
		La Tamise	the Thames
le Québec	Quebec	l'ennemi	enemy
le Maroc	Morocco	une enquête	inquiry

◆ Higher phrases

Les gouvernements occidentaux doivent aider les pays en voie de développement.

Western governments must help developing countries.

SOCIAL ISSUES

◆ Foundation words

une élection	election	empêcher	to prevent
la monarchie	monarchy	enlever	to kidnap
le premier ministre	Prime Minister	un évènement	event
le président	President		
la reine	queen	le voleur	thief
une exposition	exhibition	un avertissement	warning
le siècle	century	disparu	disappeared
le sondage	survey, poll	éviter	to avoid
le Tiers -Monde	Third World	le monde	world

◆ Higher words

le racisme	racism	attaquer	to attack
la pauvreté	poverty	commettre	to commit
le vol à l'étalage	shop lifting	la violence	violence
le préjugé	prejudice	le vandalisme	vandalism
le cambriolage	burglary	sans-abri/sans domicile fixe	homeless
le cambrioleur	burglar		
arrêter	to arrest	la crise	crisis

73

la sécurité	security	le revolver	gun
le meurtre	murder	bruyant	noisy
le voyou	hooligan	coupable	guilty
se battre	to fight	s'évader	to escape
la bataille	battle	se sauver	to run away
l'immigré	immigrant	juger	to judge
le réfugié	refugee	la preuve	proof
se réfugier	to take refuge	prévenir	to warn
démuni	poverty-stricken	la liberté	freedom
le reportage	press coverage	la lutte	struggle
le gouvernement	government	le témoin	witness
la société	society	le malfaiteur	criminal
actuellement	currently	soupçonner	to suspect
approuver	to approve	le prisonnier	prisoner
la guerre	war	la manifestation	demonstration
les armes	weapons	par conséquent	as a result

◆ **Higher phrases**

Le racisme est un grand problème pour l'avenir.	Racism is a big problem for the future.
Il y a actuellement beaucoup de préjugés contre les sans-abri et les réfugiés.	There are currently lots of prejudices against homeless people and refugees.
Selon le reportage, le cambrioleur était coupable de plusieurs crimes.	According to the report, the burglar was guilty of several crimes.
On a arrêté le malfaiteur mais il s'est évadé un jour plus tard, et il a disparu.	The criminal was arrested, but he escaped a day later, and disappeared.

ENVIRONMENTAL ISSUES

◆ **Foundation words**

la sécheresse	drought	la pollution	pollution
un incendie	fire		

◆ **Higher words**

l'environnement	the environment	l'effet de serre	greenhouse effect
détruire	to destroy	le manque de pluie	lack of rain
diminuer	to reduce	l'inondation	flood
disparaître	to disappear	le tremblement de terre	earthquake
les dégâts	damage		
la pluie acide	acid rain	les déchets	waste
la forêt tropicale	tropical forest	le recyclage des déchets	recycling of waste
la couche d'ozone	ozone layer		

affreux	awful	le dauphin	dolphin
gaspiller	to waste	la fumée	smoke
respirer	to breathe	le pétrole	(crude) oil
la destruction	destruction	la marée noire	oil slick
la centrale nucléaire	nuclear power station	les ordures ménagères	household refuse
chimique	chemical	manifester	to protest

◆ Higher phrases

Beaucoup de jeunes vont manifester contre la destruction de la couche d'ozone.	A lot of young people will protest against the destruction of the ozone layer.
Les fuites de pétrole sont affreuses pour l'environnement.	Oil spillages are terrible for the environment.

THE WEATHER

◆ Foundation words

le temps	weather	la brume	mist
le climat	climate	couvert	overcast
le degré	degree	sombre	dark
la météo	weather forecast	froid	cold
la température	temperature		
variable	changeable	geler	to freeze
		la glace	ice
faible	weak	le verglas	black ice
fort	strong	neiger	to snow
léger	light	la neige	snow
mauvais	bad	la tempête	storm
meilleur	better	un orage	storm
rare	rare	une averse	shower
le soleil	sun	le tonnerre	thunder
une éclaircie	sunny spell	pleuvoir	to rain
ensoleillé	sunny	pluvieux	rainy
agréable	pleasant	la pluie	rain
beau	fine	humide	wet
la chaleur	heat	le nuage	cloud
chaud	hot	le vent	wind
le brouillard	fog		

75

◆ Foundation phrases

Aujourd'hui, il fait froid.	It's cold today.
Il pleut.	It's raining.
Il y a du vent.	It's windy.
Il fait très beau!	What nice weather!
Quel temps fera-t-il demain?	What will the weather be like tomorrow?
Voici la météo pour demain.	Here's the weather forecast for tomorrow.
L'après-midi, il fera mauvais.	In the afternoon, the weather will be bad.
Il fera chaud plus tard.	It will be hot later.
Normalement, il fait beau en été.	Normally, the weather is good in summer.

◆ Weather symbols
Draw a weather symbol for each phrase.

Il pleut.	Il y a du soleil.	Il fait froid.	Il neige.	Il y a de l'orage.

◆ Higher words

prévoir	to predict	briller	to shine
dégagé	clear	se refroidir	to get cold
doux	mild	le gel	frost
la grêle	hail	tonner	to thunder
les prévisions	predictions	trembler	to shake
rapidement	quickly	secouer	to shake
ombragé	shaded	souffler	to blow
brumeux	misty	glisser	slip, slide
lourd	heavy, sultry	mouiller	to wet
orageux	stormy	l'onde	wave
l'éclair	lightning	la vague de chaleur	heatwave
sec	dry	l'amélioration	improvement
humide	wet, damp		

◆ **Higher phrases**

On dirait qu'il va pleuvoir.	It looks like rain.
J'espère qu'il ne pleuvra pas.	I hope it'll stay dry.
A cause du mauvais temps.	Due to the bad weather.
Il pleuvait à verse.	It was pouring down.
Après une longue vague de chaleur, le temps s'est refroidi.	After a long heatwave, the weather got colder.
Quelles ont été les températures minimales et maximales hier?	What were the lowest and highest temperatures yesterday?

What's the weather going to be like?

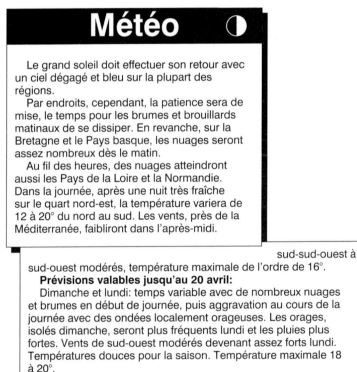

Météo

Le grand soleil doit effectuer son retour avec un ciel dégagé et bleu sur la plupart des régions.

Par endroits, cependant, la patience sera de mise, le temps pour les brumes et brouillards matinaux de se dissiper. En revanche, sur la Bretagne et le Pays basque, les nuages seront assez nombreux dès le matin.

Au fil des heures, des nuages atteindront aussi les Pays de la Loire et la Normandie. Dans la journée, après une nuit très fraîche sur le quart nord-est, la température variera de 12 à 20° du nord au sud. Les vents, près de la Méditerranée, faibliront dans l'après-midi.

sud-sud-ouest à sud-ouest modérés, température maximale de l'ordre de 16°.

Prévisions valables jusqu'au 20 avril:

Dimanche et lundi: temps variable avec de nombreux nuages et brumes en début de journée, puis aggravation au cours de la journée avec des ondées localement orageuses. Les orages, isolés dimanche, seront plus fréquents lundi et les pluies plus fortes. Vents de sud-ouest modérés devenant assez forts lundi. Températures douces pour la saison. Température maximale 18 à 20°.

Mardi et mercredi: temps plus frais avec alternance d'éclaircies et de passages nuageux accompagnés d'averses. Vent d'ouest à sud-ouest modérés à assez forts. Températures en baisse.

THE NATURAL ENVIRONMENT

◆ Foundation words

la marée	tide	la ferme	farm
la côte	coast	la fleur	flower
le ruisseau	stream	la feuille	leaf
la rivière	river	la terre	earth
le fleuve	river	la lune	moon
le paysage	landscape	une étoile	star
la campagne	countryside	la vallée	valley
un arbre	tree	la montagne	mountain
le bois	wood	raide	steep
la forêt	forest	tuer	to kill
le champ	field		

◆ Foundation phrases

J'habite près d'une rivière. I live near a river.
Ce n'est pas loin de la côte. It's not far from the coast.

◆ Higher words

paisible	peaceful	le sol	ground
le pré	meadow	la vendange	grape harvest
la colline	hill	le vigneron	vine cultivator
le rocher	rock	le vignoble	vineyard
la falaise	cliff	cueillir	to pick (e.g.
le chemin	small road, path		flowers)
le sentier	path	la chasse	hunt
la baie	bay		

◆ Higher phrases

Dans ma région, le paysage est très plat. The countryside in my region is very flat.

See page 74 for more about environmental issues.

What are these stickers about?

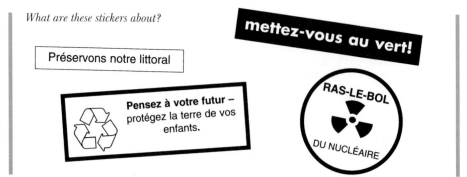

Préservons notre littoral

mettez-vous au vert!

Pensez à votre futur –
protégez la terre de vos
enfants.

RAS-LE-BOL
DU NUCLÉAIRE

HOW TO LEARN

VOCABULARY

Some people learn best by seeing words written down, others like to hear them. It might help you to record words and phrases onto a tape, so that you have to read them out, and then you can listen to them, perhaps on a walkman:

- Record a French word or phrase.
- Leave a short gap (three seconds).
- Record the English meaning.
- When you listen to the tape later, say the English word in the gap.
- Then listen to see if you were right.

HOW TO USE A DICTIONARY

A good dictionary will help you with proper names as well as other aspects of language. So you can look up "London" and find *Londres*. Most names of towns remain the same of course, so Paris is *Paris* and Madrid is *Madrid*. Your dictionary may even have a list of countries.

Use your dictionary to find the French for:

1 Dover ....

2 Edinburgh ....

3 Brittany ....

4 Brussels ....

(Answer on page 107)

TIPS ◆ TIPS ◆ TIPS ◆ TIPS ◆ TIPS ◆ TIPS ◆

Home and Local Environment

◆ **Foundation words**

la boutique	shop	situé	situated
la banque	bank	nombreux	numerous
la cathédrale	cathedral	construire	to build
le château	castle	donner sur	to overlook
le commissariat	police station	le boulevard	avenue
une église	church	jumelé	twinned
un hôtel de ville	town hall		
la mairie	town hall	la région	region
un hôpital	hospital	la ville	town
un hôtel	hotel	le village	village
un office de tourisme	tourist office	la banlieue	suburb
le syndicat d'initiative	information office	le centre-ville	town centre
		la place	square
la poste	post office	le port	port
la zone piétonne	pedestrian precinct	la rivière	river
		le jardin public	park, gardens
la bibliothèque	library	l'industrie (f)	industry
		les remparts (mpl)	city walls
animé	lively		
le bruit	noise	le monument	monument
calme	quiet	la fontaine	fountain
historique	historical	une horloge	clock
important	big, important	le pont	bridge
industriel	industrial	le banc	bench
le kilomètre	kilometre	le bâtiment	building
loin de	far from	un habitant	inhabitant
proche	nearby		
près (d'ici)	near (here)	*See page 84 for shops.*	

◆ **Foundation phrases**

La ville n'est pas belle mais elle est intéressante. — The town isn't attractive but it's interesting.

On peut visiter un vieux château. — You can visit an old castle.

C'est une région industrielle dans le sud de l'Angleterre. — It's an industrial region in the south of England.

◆ Higher words

la clinique	hospital	le chantier	building site
le cimetière	cemetery	la foule	crowd
la rocade	bypass	le gratte-ciel	skyscraper
une agglomération	built-up area	la grande surface	hypermarket
l'arrondissement	district (in large city)	le jumelage	town twinning
l'espace	space	souterrain	underground
entouré de	surrounded by	la salle des fêtes	function room/ village hall
les environs (mpl)	surroundings	le défilé	procession
les alentours (mpl)	surroundings		

◆ Higher phrases

Ce qui manque, c'est un joli jardin public.   What's missing is a nice park.

FINDING THE WAY

◆ Foundation words

après	after	en face de	opposite
avant	before	le feu	traffic lights
une autoroute	motorway	jusqu'à	as far as
au bout de	at the end of	là-bas	down there
le carrefour	crossroads	monter	to go up
la carte	map	où	where
le coin	corner	passer	to cross, pass
continuer	to continue	à pied	on foot
à côté de	next to	le plan	town plan
demander	to ask	prendre	to take
derrière	behind	prochain	next
devant	in front of	puis	then
descendre	to go down	le rond-point	roundabout
les directions	directions	la route	road
la distance	distance	la rue	street
à droite	on the right	suivre	to follow
à gauche	on the left	tourner	to turn
tout droit	straight on	toutes directions	all routes
entre	between	traverser	to cross

81

◆ Foundation phrases

Pour aller au syndicat d'initiative, s'il vous plaît?	How do I get to the tourist office, please?
Continuez tout droit.	Go straight on.
Prenez la première rue à gauche.	Take the first road on the left.
Tournez à droite aux feux.	Turn right at the traffic lights.
Allez jusqu'à l'hôpital.	Go as far as the hospital.
Ce n'est pas loin.	It's not far.
C'est à cinq minutes à pied.	It's five minutes on foot.

◆ Higher words

s'égarer	to get lost	jusque	as far as, up to
la visite guidée	guided tour	se presser	to hurry
le flic	cop (slang)	quelque part	somewhere
le passage clouté	pedestrian crossing	le panneau	road-sign
circuler	to move about	à proximité	close by

◆ Higher phrases

Où est-ce que je peux me renseigner?	Where can I make enquiries?
Je me suis égaré(e).	I've got lost.
Tout le monde se pressait pour traverser au passage clouté.	Everyone was hurrying to cross at the pedestrian crossing.

◆ Town grid

Answer the clues by writing the words across the grid.
What is the building reading down from the arrow?

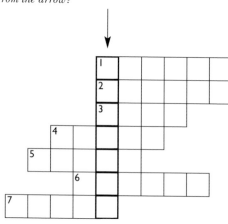

1 Ici on voit un film.

2 **i** = l'... de tourisme.

3 Le contraire de «proche».

4 Lille, par exemple.

5 La mairie = l'... de ville

6 On y va pour prier.

7 Les PTT.

(Answer on page 107)

82

HOW TO LEARN

VOCABULARY

Although you need to learn the gender of words, there are some endings that can help you.

Look back at the words in this section, and write down the gender these endings show:

1 banque, boutique ....

2 direction, région ....

3 bâtiment, monument ....

Most words ending in *-ion* are feminine, most words ending in *-ment* are masculine.

(Answer on page 107)

HOW TO USE A DICTIONARY

Try to stick to words you already know when speaking and writing. Using the dictionary a lot could tempt you to try and say things you cannot do yet when you are doing coursework. Play safe!!

Learning words in context rather than in isolation helps. Try to learn the phrases given in this book a well as the lists of vocabulary.

TIPS ◆ TIPS ◆ TIPS ◆ TIPS ◆

Shopping and Eating

SHOPPING

◆ Foundation words

le magasin	shop	fermer	to close
l'alimentation (f)	food	jusqu'à	until
la poissonnerie	fishmonger's	ouvert	open
la boucherie	butcher's	à partir de	from
la charcuterie	pork butcher's	la fermeture	closing
la boulangerie	baker's	l'ouverture	opening
la confiserie	sweet shop	la fermeture annuelle	business holidays
la pâtisserie	cake shop		
une épicerie	grocer's	échanger	to exchange
		disponible	available
le marché	market	le rayon	shelf
le centre commercial	shopping centre	la vitrine	shop window
un hypermarché	hypermarket	(faire du) lèche-vitrines	to window shop
le supermarché	supermarket	le chariot	shopping trolley
le grand magasin	department store		
		le libre-service	self-service
		le produit	product
la papeterie	stationer's, newsagent's	en promotion	on offer
		en réclame	on special offer
la bijouterie	jeweller's	le reçu	receipt
la librairie	bookshop	le sac à main	handbag
le bureau de tabac	tobacconist's	en vente	on sale
la parfumerie	perfume shop	le comptoir	counter
la pharmacie	chemist's		
fermé	closed	*See page 80 for places in town.*	

◆ Shop talk

Match up the speech bubbles with the places they might be said.

Je vais prendre trois tranches de jambon. **2**

Il reste des baguettes? **1**

Le thon est très bon aujourd'hui. **4**

Pour envoyer une lettre en Irlande, ça coûte combien? **3**

Qu'est-ce que vous prenez comme dessert? **5**

Je voudrais changer des chèques de voyage. **6**

A La poste

B Le restaurant

C La poissonnerie

D La boulangerie

E La boucherie

F La banque

(Answer on page 107)

◆ Foundation phrases

Où est la boucherie?	Where's the butcher's?
Il y a une pharmacie ici?	Is there a chemist's here?
Où est-ce que je pourrais acheter un peigne?	Where could I buy a comb?
La pharmacie ouvre à quelle heure?	When does the chemist's open?
Elle est fermée jusqu'à deux heures.	It's closed until two o'clock.
Le magasin est ouvert jusqu'à neuf heures du soir.	The shop is open until nine pm.
Vous fermez à quelle heure?	When do you close?
On est fermé entre midi et une heure.	We're closed between twelve noon and one o'clock.

What are these shop signs about?

85

◆ Higher words

un acompte	deposit	l'emballage (m)	wrapping
l'escalier roulant	escalator	entrée libre	come in and
à vendre	for sale		look round!
l'augmentation (de prix)	(price) increase	livrer	to deliver
le compte	bill, account	rembourser	to refund
réduire	to reduce		

◆ Higher phrases

Je voudrais échanger ce sac à main. I'd like to exchange this handbag.
Il reste des pommes? Are there any apples left?

FOOD AND DRINK

◆ Foundation words

le légume	vegetable	la pêche	peach
la carotte	carrot	la poire	pear
le champignon	mushroom	la pomme	apple
le chou	cabbage	la prune	plum
le chou de Bruxelles	Brussels sprout	le raisin	grapes
le chou-fleur	cauliflower		
la courgette	courgette	la viande	meat
les crudités	raw vegetables	l'agneau	lamb
un haricot vert	French bean	le bifteck	beefsteak
la laitue	lettuce	du bœuf	beef
un oignon	onion	la côtelette	chop
les petits pois	peas	une entrecôte	steak
la pomme de terre	potato	un escargot	snail
la salade	salad, lettuce	un hamburger	hamburger
la tomate	tomato	le jambon	ham
le concombre	cucumber	le pâté	pâté
		du porc	pork
le fruit	fruit	la saucisse	sausage
un abricot	apricot	le saucisson	(slicing) sausage
un ananas	pineapple	le steak	steak
la banane	banana	le veau	veal
la cerise	cherry		
le citron	lemon	le canard	duck
la fraise	strawberry	la dinde	turkey
la framboise	raspberry	le poulet	chicken
une orange	orange	le poisson	fish
le pamplemousse	grapefruit	le crabe	crab

les fruits de mer	seafood	l'alcool (m)	alcohol
la moule	mussel	la bière	beer
le thon	tuna	le rosé	rosé wine
		le vin	wine
le croissant	croissant	l'eau minérale (f)	mineral water
le dessert	dessert	le lait	milk
un éclair	eclair	le coca (-cola)	coke
le gâteau	cake	le jus de fruit	fruit juice
la glace	ice cream	la limonade	lemonade
le biscuit	biscuit	un orangina	fizzy orange
la pâtisserie	cakes, pastry		
la tarte	(fruit) pie	le potage	soup
le yaourt	yogurt	le casse-croûte	snack
		un œuf	egg
boire	to drink	les pâtes	pasta
la boisson	drink	la pizza	pizza
le café	coffee (black)	le plat	dish
le café-crème	white coffee	rôti	roasted
au lait	with milk	la sauce	sauce, gravy
le thé	tea	les spaghettis	spaghetti
le chocolat chaud	hot chocolate		

◆ **Food wordsearch**

Can you find 16 words from this section in the wordsearch?
The words can be across or down, backwards or forwards or diagonal.

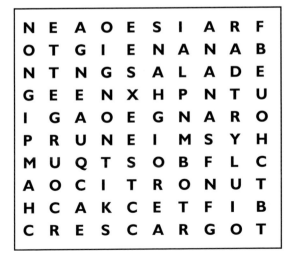

N	E	A	O	E	S	I	A	R	F
O	T	G	I	E	N	A	N	A	B
N	T	N	G	S	A	L	A	D	E
G	E	E	N	X	H	P	N	T	U
I	G	A	O	E	G	N	A	R	O
P	R	U	N	E	I	M	S	Y	H
M	U	Q	T	S	O	B	F	L	C
A	O	C	I	T	R	O	N	U	T
H	C	A	K	C	E	T	F	I	B
C	R	E	S	C	A	R	G	O	T

(Answer on page 108)

le pain	bread	désagréable	unpleasant
la tartine	slice of bread and butter	bon appétit	enjoy your meal
		doux	sweet
la baguette	French loaf	sucré	sweet
le bonbon	sweet	salé	salty
les céréales	cereals	épais	thick
les chips	crisps	gras	fatty
le chocolat	chocolate	grillé	grilled
la crème	cream	la vapeur	steam
la crêpe	pancake	le pique-nique	picnic
la farine	flour	le plat cuisiné	ready-made meal
les frites	chips	la recette	recipe
le fromage	cheese	le self	self service
végétarien	vegetarian	le souper	supper
		délicieux	delicious
mûr	ripe	désirer	to want
saignant	rare	manger	to eat
à point	medium	boire	to drink
bien cuit	well done	prendre	to take
appétissant	appetising	sentir	to smell

MES NOTES PERSONNELLES

Manger et Boire

J'aime beaucoup _____

_____

_____

Je n'aime pas _____

_____

_____

Mon plat préféré, c'est _____

_____

Au petit déjeuner, je mange _____

_____

et je bois _____

◆ Foundation phrases

Vous aimez le porc?	Do you like pork?
Moi, je préfère le bœuf.	I prefer beef.
Mon copain est végétarien.	My friend's a vegetarian.
Je déteste les oignons.	I hate onions.
Nous mangeons beaucoup de fromage chez nous.	We eat a lot of cheese at home.
Nous buvons normalement de la limonade.	We normally drink lemonade.
Merci, ça va bien comme ça.	No thank you, that's enough.
C'était délicieux mais j'ai très bien mangé.	It was delicious but I'm full.

What's on offer here?

◆ Foundation words

une assiette	plate	passer	to pass
le bol	bowl	le beurre	butter
la cafetière	coffee-pot	la confiture	jam
le couteau	knife	l'huile (f)	oil
la cuiller	spoon	le miel	honey
la fourchette	fork	la moutarde	mustard
la poêle	frying pan	le poivre	pepper
la soucoupe	saucer	le sel	salt
la tasse	cup	le sucre	sugar
le verre	glass	le vinaigre	vinegar

◆ Foundation phrases

Excusez-moi, mais je n'ai pas de couteau.	Excuse me, but I haven't got a knife.
Passe-moi le poivre, s'il te plaît.	Pass me the pepper, please.
Vous avez du sucre?	Do you have any sugar?
Je voudrais encore un peu de confiture, s'il vous plaît.	I'd like a little more jam, please.

◆ Higher words

goûter	to taste	le glaçon	ice cube
une infusion	herbal tea	la merguez	spicy sausage
la gaufre	waffle	une pression	draught beer
les cacahuètes (fpl)	peanuts	à la tienne/vôtre	to your good health
l'ail (m)	garlic		
les provisions (fpl)	groceries	les matières grasses	fats (in food)
consommer	to consume	le foie gras	goose liver pate
une cuillerée	a spoonful	la cuisse de grenouille	frog's leg
éplucher	to peel	piquant	spicy
les épinards	spinach	sauvage	wild

◆ Higher phrases.

Cela a un goût d'ail.	This tastes of garlic.
Cela ne me convient pas.	That doesn't agree with me.
A consommer de préférence avant …	Best before …
Ce n'est pas la peine d'éplucher les fruits.	Don't bother peeling the fruit.

RESTAURANTS AND CAFÉS

◆ Foundation words

choisir	to choose	sans	without
apporter	to bring	la soupe	soup
donner	to give	la vanille	vanilla
pour commencer	to start	le repas	meal
vouloir	to want	le restaurant	restaurant
commander	to order	le bistro	café
prendre	to have, take	le café	café
		le serveur	waiter
la bouteille	bottle	la serveuse	waitress
la carte	menu		
le croque-monsieur	toasted cheese-ham sandwich	une addition	bill
		compris	included
demi	half	en sus	on top
une omelette	omelette	une erreur	mistake
le parfum	flavour	le service	service
le riz	rice	le plat	course
le sandwich	sandwich	le supplément	extra charge

◆ Foundation phrases

S'il vous plaît!	Waiter/Waitress!
Pour commencer, je prends les crudités.	To start with, I'll have the raw vegetables.
Ensuite, je voudrais une omelette.	Then I'd like an omelette.
Comme dessert, je prendrai une glace.	For dessert, I'll have an ice cream.
Qu'est-ce que vous avez comme sandwichs?	What sorts of sandwiches have you got?
Un sandwich au jambon.	A ham sandwich.
Comment voulez-vous le steak?	How would you like the steak?
Vous préférez votre steak saignant, à point ou bien cuit?	Do you prefer your steak rare, medium rare or well done?
Bien cuit, s'il vous plaît.	Well done, please.
Qu'est-ce que c'est exactement, une assiette anglaise?	What exactly is "une assiette anglaise"?
Je prends le menu à vingt-sept euros.	I'll have the 27 euro menu.
Comme plat principal, je voudrais le steak avec des petits pois.	For the main course, I'd like the steak and peas.
Qu'est-ce que vous recommandez?	What do you recommend?
Monsieur, l'addition, s'il vous plaît.	Waiter, the bill, please.
Est-ce qu'il y a une erreur?	Is there a mistake?
Le service est compris?	Is the service included?
La boisson était en sus.	The drink was extra.

91

◆ **Higher words**

saler   to add salt | y compris   included

◆ **Higher phrases**

Il y a une erreur dans l'addition.   The bill isn't right.
Vous m'avez trop fait payer.   You've overcharged me.

What are these restaurants offering?

TARIF DES CONSOMMATIONS

Café Express	€**2.50**	Coca-cola	€**2.30**
Café Décaféiné	€**2.50**	Orangina	€**2.30**
Café Crème	€**2.50**	Sodas	€**2.30**

Plat du Jour

25 Euros
Canard rôti
Petits pois

19 Euros
Moules Marinières
Pommes frites

◆ **Bon appétit!**

Write these items under the correct heading.

une carafe d'eau   gâteau de riz   glace au cassis
œuf mayonnaise   truite aux amandes   verre de vin rosé
bœuf bourgignon   potage du jour   pâté de saumon fumé
crème caramel   jus d'ananas   poulet à la crème

Pour commencer	Plat principal	Dessert	Boisson
....	....	....	....
....	....	....	....
....	....	....	....
....	....	....	....
....	....	....	....
....	....	....	....

(Answers on page 108)

IN A FOOD SHOP

◆ **Foundation words**

la boîte	box, tin	la bouteille	bottle
le pot	jar	le litre	litre
le paquet	packet		
le sac	bag	un peu	little
la tranche	slice	beaucoup	a lot
la douzaine	dozen	un morceau	bit, a piece
la livre	pound	la moitié	half
le kilo	kilo	goûter à	to try
le gramme	gram	la spécialité	speciality
le verre	glass		

◆ **Foundation phrases**

Je voudrais un kilo de pommes.	I'd like a kilo of apples.
Quatre tranches de jambon, s'il vous plaît.	Four slices of ham, please.
Je peux avoir un morceau de ce fromage?	Can I have a piece of this cheese?
Vous avez encore des abricots?	Do you have any apricots left?
C'est tout?	Is that all?
Et avec ça?	Anything else?
Donnez-moi une boîte de carottes.	Give me a tin of carrots.
Ça va comme ça.	That's fine.

CLOTHES AND SOUVENIRS

◆ **Foundation words**

acheter	to buy	la veste	jacket
l'argent	money	un anorak	anorak
la caisse	cash desk, till	le chemisier	blouse
cher	expensive	le gilet	waistcoat
gratuit	free	le pull(over)	pullover
trop	too, too much	le tricot	jumper
bon marché	inexpensive	la chemise	shirt
la liste	list	le costume	suit
la monnaie	change	la robe	dress
la mode	fashion	le T-shirt	T-shirt
le disque	record	le collant	pair of tights
les vêtements (mpl)	clothes	le slip	pants, knickers
un imperméable	mac	le soutien-gorge	bra
le manteau	coat	une paire de	a pair of
le pardessus	overcoat	des baskets	trainers
le blouson	jacket	la botte	boot

la chaussette	sock	la cravate	tie
la chaussure	shoe	le maillot de bain	swim suit
la sandale	**sandal**	**le pyjama**	**pair of pyjamas**
le jean	pair of jeans	**la bague**	**ring**
la jupe	skirt	des boucles d'oreilles	ear-rings
le pantalon	pair of trousers	**une écharpe**	**scarf**
le short	pair of shorts	**le foulard**	**headscarf**
le survêtement	**tracksuit**	le chapeau	hat

◆ **Foundation phrases**

A l'école, je porte un pantalon gris et une cravate rouge et noire.	At school, I wear grey trousers and a black and red tie.
A la maison, je préfère porter un jean ou un survêtement.	At home I prefer wearing jeans or a tracksuit.
Quand il fait froid, maman met un manteau.	When it's cold, mum puts on an overcoat.
Mes vêtements préférés sont mes bottes en cuir et mon blouson.	My favourite clothes are my leather boots and my jacket.
Où est-ce qu'il faut payer?	Where do I pay?
Je n'ai pas de monnaie.	I haven't got any change.

MES NOTES PERSONNELLES

Mes Vêtements

A l'école, je porte _____

_____

Le soir, quand je sors _____

Quand il fait chaud, je mets _____

Mes vêtements préférés sont _____

_____

_____

◆ Foundation words

la taille	size	long	long
la pointure	size (for shoes)	lourd	heavy
le nylon	nylon	moyen	medium
le coton	cotton	étroit	narrow
le cuir	leather	large	wide
la laine	wool	léger	light
la couleur	colour	malheureusement	unfortunately
court	short	prendre	to take

◆ Foundation phrases

Cette robe est belle, n'est-ce pas?	That dress is beautiful, isn't it?
Ces chaussures sont trop chères.	These shoes are too expensive.
D'accord, je prends ce pantalon.	Fine, I'll take this pair of trousers.
Vous avez quelque chose de moins cher?	Do you have anything less expensive?
Je voudrais une paire be baskets.	I'd like a pair of trainers.
Quelle pointure?	What size?
Avez-vous ce chemisier en rouge?	Have you got this blouse in red?
Quelle taille?	What size?
Je vais acheter des boucles d'oreilles pour ma belle-sœur.	I'm going to buy some ear-rings for my sister-in-law.
Vous avez la même chose en bleu?	Do you have the same thing in blue?

◆ Foundation words

le parapluie	umbrella	le porte-monnaie	purse
le parfum	perfume	le portefeuille	wallet
le rouge à lèvres	lipstick	le sac	bag
la montre	watch	le jouet	toy
le mouchoir	handkerchief	la poupée	doll

◆ Higher words

se faire rembourser	to get your money back	à carreaux	check, squared
		le carré	square
la fermeture éclair	zip	vêtu de	dressed in
le polo	leisure shirt	faire un paquet-cadeau	to gift wrap
à la mode	in fashion	abîmer	to ruin
démodé	out of fashion	la tenue	dress (in general), appearance
la marque	brand		
le tissu	material		
la soie	silk	le chausson	slipper
rayé	striped	la pantoufle	slipper

95

le collier	necklace	le nettoyage à sec	dry cleaning
le corsage	blouse	la tache	stain
serré	tight, tightly-packed	le trou	hole
		rétrécir	to shrink
la manche	sleeve	la gamme	range
le tablier	apron	user	to wear out

◆ Higher phrases

Je voudrais me faire rembourser.	I'd like to have my money back.
Ce n'est plus à la mode.	That's no longer in fashion.
Ma copine était vêtue d'un corsage en soie.	My friend was dressed in a silk blouse.
Il y a une tache sur la manche de mon pull. Je dois le faire nettoyer à sec.	There's a stain on the sleeve of my pullover. I must get it dry-cleaned.
Il manque un bouton.	There's a button missing.
Ne t'inquiète pas! J'ai retrouvé ton collier.	Don't worry! I've found your necklace.

What are these signs about?

Prêt-à-porter

hommes & femmes

Fin de série 19 Euros

SALON D'ESSAYAGE

HOW TO LEARN

VOCABULARY

There are some words which look similar in both French and English but which have quite different meanings. These are called "false friends", and you need to make a careful note of such words when you meet them.

See if you can get these words right without looking back:

1 *Chips* doesn't mean "chips", but ....

2 *Une tartine* doesn't mean "a tart", but ....

3 *Une prune* doesn't mean "a prune", but ....

4 *Un plat* doesn't mean "a plate", but ....

(Answer on page 108)

HOW TO USE A DICTIONARY

If you are stuck when doing coursework, use your dictionary to come up with something in French. Always double check to make sure you've found the right word: look up the French word in the French-English section to find its meaning, and possibly examples of its use.

Transport and Travel

GENERAL

◆ Foundation words

partir	to leave	le vélo	bike
quitter	to leave		
prendre	to take	un embouteillage	traffic jam
montrer	to show	la circulation	traffic
perdre	to lose	le piéton	pedestrian
manquer	to miss	les transports	public transport
changer	to change	en commun	
descendre de	to get off	le péage	toll booth
monter dans	to get in	l'autostop	hitch-hiking
la voiture	car	le dépliant	leaflet
une auto	car	le numéro	number
la bicyclette	bike	la place	seat
le camion	lorry	prochain	next
le poids lourd	HGV	rapide	fast
le taxi	taxi	le retard	delay

◆ Foundation phrases

Je vais au collège à pied.   I walk to school.

Vous descendez à la gare.   You get off at the station.

Where would you see these signs?

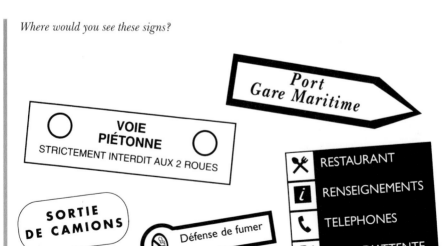

◆ **Higher words**

accès interdit	no access	le trajet	journey
les heures de pointe/	rush hour	la limitation de vitesse	speed limit
d'affluence		le sens unique	one-way street
bouger	move	la prévention routière	road safety
démarrer	to get going,	la chaussée	road-surface
	move off	écraser	to run over
reculer	to move back,	renverser	to knock down
	reverse	dépanner	to fix
dépasser	to overtake	annuler	to cancel
déclarer	to declare	contrôler	to check
hors taxe	duty free	la sécurité	safety

T R A I N S   A N D   B U S E S

◆ **Foundation words**

un (auto) bus	bus	le guichet	ticket office
un (auto) car	coach	un horaire	timetable
le train	train	le bureau des objets	lost property
un express	express	trouvés	office
le train rapide	express	le quai	platform
le TGV	high speed train	la voie	platform, track
		la salle d'attente	waiting room
un arrêt	stop	la sortie	exit
s'arrêter	to stop	la sortie de secours	emergency exit
la gare routière	bus station	les bagages	luggage
le métro	underground	la correspondance	connection
la station de métro	metro station	la destination	destination
le chemin de fer	railway	assis	sitting
		debout	standing
un aller-retour	return	défense de fumer	no smoking
un aller-simple	single	l'arrivée	arrival
le billet	ticket	le départ	departure
le carnet	book of tickets	l'eau potable	drinking water
la classe	class	interdit	forbidden
fumeur	smoking	libre	free
non-fumeur	non-smoking	occupé	occupied,
le ticket	ticket		engaged
composter	to date-stamp	pousser	to push
le wagon-restaurant	dining car	tirer	to pull
le wagon-lit	sleeping car	en provenance de	from
le buffet	station buffet	les renseignements	information
la consigne	left luggage	la réservation	reservation
	office	en retard	late
la consigne automatique	luggage locker	à l'heure	on time
une entrée	entrance	le voyageur	traveller

◆ Foundation phrases

Le train pour Bruxelles part à quelle heure?	When does the Brussels train leave?
Le train pour Lille part dans trois minutes.	The Lille train leaves in three minutes.
Le train pour Londres part de quel quai?	Which platform does the London train leave from?
Le train de Paris a vingt minutes de retard.	The train from Paris is twenty minutes late.
Pardon, il y a un car qui va à Boulogne?	Excuse me, is there a coach which goes to Boulogne?
Cet autobus s'arrête à la gare SNCF?	Does this bus stop at the railway station?
C'est quel numéro pour aller à la plage?	Which number is it to go to the beach?
Il y a un arrêt d'autobus près d'ici?	Is there a bus stop near here?
Un aller-retour deuxième classe pour Nantes.	A second class return ticket to Nantes.
Quand voulez-vous voyager?	When do you want to travel?
Vous devez composter vos billets.	You have to date-stamp your tickets.
C'est direct?	Is it direct?
Non, il faut changer.	No, you have to change.
Cette place est occupée?	Is this seat occupied?

◆ Higher words

prévu	scheduled	rater	to miss
le délai	delay	le filet	luggage rack
le compartiment	compartment	retardé	delayed
la couchette	sleeping berth	le passage à niveau	level crossing
un omnibus	local train		

◆ Transport puzzle

Start at the arrow and read to the centre, shading in the 7 means of transport as you go.

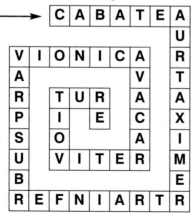

(Answer on page 108)

BOATS AND PLANES

◆ Foundation words

un aéroglisseur	hovercraft	décoller	to take off
atterrir	to land	le vol	flight
un bateau	boat	le supplément	surcharge
un avion	aeroplane		
un aéroport	airport	la douane	customs

◆ Higher words

le vol de retour	return flight	un bateau à moteur	motor boat
l'heure de départ	departure time	un bateau à rames	rowing boat
le guichet d'enregistrement	check-in desk	un bateau à voile	sailing boat
		la marée haute/basse	high/low tide
un haut-parleur	loud speaker	débarquer	to disembark
la traversée	crossing	embarquer	to embark
agité	rough	le gilet de sauvetage	life jacket
l'atterrissage	landing		

◆ Higher phrases

Nous avons enfin débarqué après une longue traversée agitée. — We finally got off the boat after a long rough crossing.

PRIVATE TRANSPORT

◆ Foundation words

garer	to park	les essuie-glaces	wipers
stationner	to park	le volant	steering wheel
le stationnement	parking	le pare-brise	windscreen
doubler	to overtake	la station-service	petrol station
		le (la) pompiste	petrol attendant
faire le plein (d'essence)	to fill up (with petrol)	l'essence	petrol
		sans plomb	lead free
vérifier	to check	le super	4-star
gonfler	to inflate	s'arrêter	to stop
la location	hiring	le vélomoteur	motorised bike
le moteur	engine	le VTT	mountain bike
le permis de conduire	driving licence	la moto	motorbike
le casque	helmet	le véhicule	vehicle
le pneu	tyre	la motocyclette	motorcycle
la portière	door		
la roue	wheel	le pneu crevé	flat tyre
le coffre	boot	la collision	crash
le siège	seat		

en panne	broken down	le tunnel	tunnel
la déviation	diversion	le virage	bend
le mécanicien	mechanic	le passage protégé	right of way
la marque	make	le code de la route	highway code
la vitesse	speed, gear	d'occasion	second hand
freiner	to brake	sens interdit	no entry

◆ Foundation phrases

L'autoroute est à dix minutes d'ici.	The motorway is ten minutes from here.
Faites le plein s'il vous plaît.	Fill up the tank, please.
Ma voiture est tombée en panne.	My car has broken down.
J'ai un pneu crevé.	I've got a puncture.
Stationnement interdit!	No parking!
Voulez-vous vérifier l'huile?	Would you check the oil?
Les essuie-glaces ne marchent pas.	The windscreen wipers don't work.

What do these signs mean?

Road signs

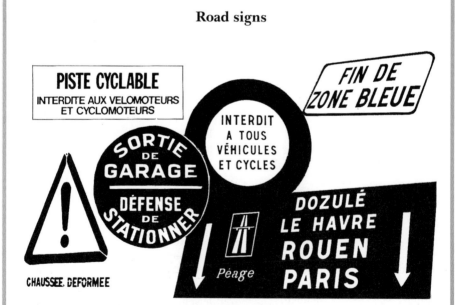

◆ **Higher words**

une amende	fine	immatriculé	registered
accélérer	to accelerate	le numéro	registration
ralentir	to slow down	d'immatriculation	number
remorquer	to tow	le phare	headlight
le lavage	car wash	la pièce de rechange	spare part
une bagnole	car (slang)	le rétroviseur	rear view
l'aire de repos	picnic area		mirror
le gaz d'échappement	exhaust fumes	le deux-roues	two-wheeled
l'auto-école	driving school		vehicle
la ceinture de sécurité	safety belt	les travaux	roadworks
le gasoil	diesel	le réseau autoroutier	motorway
le frein	brake		network
heurter	to hit, crash into		

◆ **Higher phrases**

Il est entré en collision avec un camion. — He collided with a lorry.
A quelle vitesse peut-on rouler ici? — What speed can you do here?
J'ai dû payer une amende. — I had to pay a fine.
La voiture n'a pas ralenti. — The car didn't slow down.

H O W   T O   L E A R N

V O C A B U L A R Y
Some people try word association and other tricks to help them remember words. See if it works for you, and make some of your own up like these:

Don't *panne-ic* (panic) if your car breaks down.

Double your speed to overtake a tractor.

Consigne (consign) your cases to the left luggage office.

H O W   T O   U S E   A   D I C T I O N A R Y
When doing your coursework, or other written French homeworks, use the little words in brackets in your dictionary to help you find the right word. If you want to say "The cases are in the boot" and you look up the word "boot", you might find something like (AUT) next to the word *coffre* to show you this is a word you want when talking about automobiles.

General

◆ Question words
comment	how
quand	when
qui	who
pourquoi	why
qu'est-ce que	what
combien	how much/many
quel	which
où	where

◆ Days
lundi	Monday
mardi	Tuesday
mercredi	Wednesday
jeudi	Thursday
vendredi	Friday
samedi	Saturday
dimanche	Sunday

◆ Months
janvier	January
février	February
mars	March
avril	April
mai	May
juin	June
juillet	July
août	August
septembre	September
octobre	October
novembre	November
décembre	December

◆ Seasons
le printemps	spring
l'été	summer
l'automne	autumn
l'hiver	winter

◆ Time
l'heure	time
l'heure	hour
la minute	minute

la seconde	second
demi	half
le quart	quarter
midi	midday
minuit	midnight
la semaine	week
quinze jours	fortnight
le mois	month
l'an	year

◆ Colours
blanc	white
bleu	blue
brun	brown
gris	grey
jaune	yellow
noir	black
marron	brown
orange	**orange**
rose	**pink**
rouge	red
vert	green
violet	**purple**
foncé	**dark**
clair	**light**

◆ Numbers 1–19
zéro	nought
un	one
deux	two
trois	three
quatre	four
cinq	five
six	six
sept	seven
huit	eight
neuf	nine
dix	ten
onze	eleven
douze	twelve
treize	thirteen
quatorze	fourteen

quinze	fifteen
seize	sixteen
dix-sept	seventeen
dix-huit	eighteen
dix-neuf	nineteen

◆ Numbers 20–1,000

vingt	twenty
vingt et un	twenty-one
vingt-deux	twenty-two
vingt-trois	twenty-three
vingt-quatre	twenty-four
vingt-cinq	twenty-five
vingt-six	twenty-six
vingt-sept	twenty-seven
vingt-huit	twenty-eight
vingt-neuf	twenty-nine
trente	thirty
quarante	forty
cinquante	fifty
soixante	sixty
soixante-dix	seventy
quatre-vingts	eighty
quatre-vingt-dix	ninety
cent	hundred
mille	thousand

◆ Prepositions
(see also page 81)

sur	on
sauf	except
chez	at the house of
pour	for
contre	against
avec	with
après	after
sans	without
depuis	since
autour de	around
d'après	according to
grâce à	thanks to
le long de	along
lors de	at the time of
quant à	as for

◆ Adjectives

seul	alone
propre	own
autre	other
même	same
vide	empty
plein	full
utile	useful
sale	dirty
typique	typical
admis	admitted, allowed
inadmissible	intolerable
indispensable	necessary
moindre	least
pire	worse
précis	precise
provisoire	temporary

◆ Verbs

décider de	to decide to
commencer à	to begin to
avoir besoin de	to need
penser	to think
se passer	to happen
espérer	to hope
montrer	to show
savoir	to know
promettre	to promise
ajouter	to add
se demander	to wonder
empêcher	to prevent
être en train de (+ infinitive)	to be in the process of (doing something)
ignorer	to be unaware of
réfléchir	to reflect, think carefully
se rendre compte	to realise
rêver	to dream
siffler	to whistle
soutenir	to support
suggérer	to suggest

◆ Time expressions

le matin	morning
l'après-midi	afternoon
le soir	evening
la nuit	night
tous les jours	every day
le lendemain	on the next day
bientôt	soon
de bonne heure	early
tout de suite	at once
hier	yesterday
aujourd'hui	today
demain	tomorrow
maintenant	now
alors	then
ensuite	afterwards
plus tard	later
à l'avance	in advance
d'abord	first of all
enfin	at last
toujours	always
ne … jamais	never
quelquefois	sometimes
souvent	often
déjà	already
encore une fois	once more
soudain	suddenly
de temps en temps	occasionally
normalement	normally
d'habitude	usually
auparavant	previously
aussitôt	immediately

◆ Other useful words

assez	fairly
très	very
beaucoup	a lot
peut-être	perhaps
probablement	probably
plus	more
ne … rien	nothing
ne … personne	nobody
quelqu'un	somebody
ne … plus	no longer

quelque chose	something
partout	everywhere
même	even
presque	almost
environ	about
aussi	also
là	there
quelques	a few
plusieurs	several
trop de	too many
vraiment	really
malheureusement	unfortunately
les gens	people
surtout	especially
cependant	however
comme	as
donc	therefore
ainsi	thus
à peine	scarcely, hardly
autrement dit	in other words
d'ailleurs	besides
d'occasion	secondhand
dans l'ensemble	in the main
dès que	as soon as
effectivement	in effect
en effet	in fact, really
en ce qui concerne …	as far as … is concerned
évidemment	evidently
franchement	frankly, to be honest
il s'agit de …	it concerns …
n'importe	it doesn't matter
le machin	thing (slang)
nulle part	nowhere
par hasard	by chance
pourtant	however
précisément	exactly
quelques-uns/unes	some
suffisamment	sufficiently
tout de même	all the same
le truc	thing (slang)
volontiers	willingly, gladly

Answers

◆ **How to learn** page 13
Dictionary: 1 des chevaux, 2 des jumeaux, 3 des journaux, 4 des choux

◆ **Missing letters** page 18
Armoire

◆ **How to learn** page 21
Vocabulary: 1 Généralement mon père fait le ménage après le dîner. 2 La chaîne-stéréo est à côté de la télévision. 3 Nous avons déménagé l'année dernière.
Dictionary: calme, campagne, canapé, cave, chaîne-stéréo, chaise, chambre, chauffage, cheminée, cher, congélateur, cuisine

◆ **School crossword** page 26
1 durer, 2 cours/chimie, 3 sciences, 4 espagnol, 5 histoire, 6 travail, 7 lycée/leçon, 8 langue

◆ **How to learn** page 32
Vocabulary: 1 la cantine, 2 les cours, 3 L'anglais est ma matière préférée. 4 Regardez le tableau.
Dictionary: Ma matière préférée, c'est la géographie, mais je trouve le dessin très ennuyeux.

◆ **How to learn** page 39
Vocabulary: Very useful: gagner, un médecin, l'avenir, un étudiant
Less useful: expérimenté, le boulot, la puce, un plombier
Dictionary: 1 coiffeuse, 2 épicière, 3 serveuse

◆ **Slogans** page 44
1c, 2d, 3b, 4a

◆ **How to learn** page 47
Vocabulary: 1 chouette, 2 un écran, 3 les actualités, 4 les informations

◆ **How to learn** page 53
Vocabulary: 1 dent, 2 main, 3 pied
Dictionary: 1 bow of a ship, 2 grief, 3 badly, 4 to crush, 5 gorge (valley)

◆ **Film titles** page 57
a) 1 The Lion King, 2 Star Wars, 3 Four Weddings and a Funeral, 4 Jaws, 5 A Fistful of Dollars
b) 1d, 2a, 3e, 4c, 5b

◆ **How to learn** page 59
Dictionary: 1 je suis sorti, 2 tu as vu, 3 il a fini, 4 nous avons fait

◆ **How to learn** page 63
Vocabulary: anniversaire, accompagner, malheureusement, correspondant, rencontrer, agréable

◆ **Missing parts** page 67
1 pension complète, 2 douches, 3 réception, 4 rez-de-chaussée, 5 dortoirs, 6 occupé

◆ **How to learn** page 71
Dictionary: 1 allumettes, 2 arrhes, 3 britanniques

◆ **How to learn** page 79
Dictionary: 1 Douvres, 2 Edimbourg, 3 Bretagne, 4 Bruxelles

◆ **Town grid** page 82
1 cinéma, 2 office, 3 loin, 4 ville, 5 hôtel, 6 église, 7 poste
Word: collège

◆ **How to learn** page 83
Vocabulary: 1 feminine, 2 feminine, 3 masculine

◆ **Shop talk** page 84
1D, 2E, 3A, 4C, 5B, 6F

◆ **Food wordsearch**   **page 87**
fraise, banane, salade, orange, prune,
citron, bifteck, escargot, champignon,
courgette, agneau, oignon, ananas,
chou, raisin, tomate

◆ **Bon appétit!**   **Page 92**
Pour commencer: gâteau de riz, œuf
mayonnaise, potage du jour, pâté de
saumon fumé
Plat principal: bœuf bourguignon, truite
aux amandes, poulet à la crème
Dessert: crème caramel, glace au cassis
Boisson: une carafe d'eau, jus d'ananas,
verre de vin rosé

◆ **How to learn**   **page 97**
Vocabulary: 1 crisps, 2 slice of bread and
butter, 3 plum, 4 course

◆ **Transport puzzle**   **page 100**
bateau, taxi, train, bus, avion, car,
voiture

NOTES

NOTES

NOTES